LUCA CASADEI

“ONE MORE TIME”

VALLARDI

IL LIBRAIO.IT

il sito di chi ama leggere

Antonio Vallardi Editore s.u.r.l.
Gruppo editoriale Mauri Spagnol
www.vallardi.it

Edizione curata da CRUDO Studio Editoriale

La foto di pag. 12 è di Alice Gagliardi

La foto di pag. 17 è di Settimio Benedusi

Ristampe 7 6 5 4 3 2 1 0
2027 2026 2025 2024

ISBN: 979-12-222-0122-1

A te che, in fondo, mi hai insegnato tutto.

A tutte le persone che hanno amato «One More Time»,
l'hanno consigliato ad altri
e hanno permesso a questa famiglia speciale di esistere.

SOMMARIO

“ONE MORE TIME”

“ PREFAZIONE ”

Nella mia esperienza da talent scout ho assistito in prima persona all’ascesa e alla rapida caduta di numerosi personaggi, prima in TV e poi sul web. Ho sentito la necessità di parlarne, intervistando persone note e portando alla luce le dinamiche, spesso malate, che vivono dietro al successo, perché anche la mia vita è stata segnata da continui fallimenti e rinascite. Ho cominciato perché era terapeutico per me cercare negli altri le risposte da dare a me stesso e avvalermi delle storie degli ospiti come opportunità di crescita.

Oggi il podcast non è più solo un progetto personale, mi riempie di felicità che tutti i giorni tantissime persone possano farsi il mio stesso regalo: crescere attraverso il non giudizio e la condivisione di esperienze di vita straordinarie. Grazie a loro il podcast è nella top ten di tutte le classifiche di streaming, ha raggiunto un milione di follower sui social e centinaia di milioni di views con i suoi video.

Di stagione in stagione, oltre ai numeri, «One More Time» ha cominciato ad avere un pubblico sempre più di

qualità, che guarda e ascolta ogni episodio senza pregiudizio. In molti hanno cambiato approccio nei confronti del prossimo, accogliendo e amando di più. E la cosa ancora più bella è che, fruendo delle puntate in questo modo, ne hanno tratto un grande beneficio anche nella vita.

Le persone che mi seguono da tanto non scelgono più la puntata da guardare perché c'è il nome dell'ospite che li attrae, ma le ascoltano tutte a prescindere, perché sanno che si porteranno sempre a casa degli strumenti valoriali e arricchenti. E si pongono in modo gentile, argomentando anche i disappunti in maniera costruttiva. È una famiglia vera, una famiglia che ti fa crescere con le carezze e, attraverso l'amore, ti spiega cosa apprezza e cosa no, non ti condanna per gli errori e le tue fragilità. Perché sbagliare, più che essere lecito, è formativo.

Ma come siamo arrivati fino a qui? E perché questo libro? Come in ogni mia intervista, partiamo dall'inizio.

È il 2 marzo 2020. Durante una puntata del podcast «Hacking Creativity», parlo, per la prima volta pubblicamente, di tutto il mio percorso professionale. Una settimana dopo – siamo in piena pandemia – mi riascolto e qualcosa mi scatta dentro. Perché non domandare ad altri, che hanno vissuto il successo e hanno sofferto, di raccontarmi la loro esperienza nei dettagli?

Chiedo allora ai conduttori di «Hacking Creativity», Edoardo Scognamiglio e Federico Favot, due autori immensi, di aiutarmi a mettere in ordine le idee. Federico mi racconta la sua visione e mi suggerisce di gestire le interviste in tre atti: il successo, il fallimento e la rinascita.

Sono pieno di dubbi. Non ho un'esperienza pregressa come intervistatore, ho sempre lavorato dietro agli altri e mi mette molto in imbarazzo l'idea di espormi in prima persona. Allo stesso tempo ho tanta voglia di uscire dall'ombra, quindi decido di lanciarmi.

Per partire però ci vogliono gli ospiti. Ho avuto la fortuna di conoscere un bravissimo autore, Francesco Oggiano. Malgrado i continui «Chi è 'sto Luca Casadei? Cos'è un podcast?» che riceve mentre va in giro a proporre le interviste, riesce a mettere insieme nove meravigliosi ospiti. L'idea iniziale era di farne dieci, ma non siamo riusciti a convincere nessun altro.

I primi due che salgono a bordo sono Matteo Cambi e Daniele Bossari, due nomi che desideravo tantissimo. Studio come un matto, guardo video, leggo i libri di entrambi, cerco nelle insenature delle loro vite tutti i dettagli possibili.

Voglio essere molto preparato.

Conclusa la fase teorica, arriva il momento di registrare.

Il 3 giugno 2020 alle quattro di pomeriggio si parte con Matteo Cambi. Sono tesissimo, non so bene come esordire. Per fortuna dopo poco supero l'ansia dell'intervista ed entro nella pace della chiacchierata. Come sempre farò a partire da allora, mi lascio andare ed esprimo me stesso, l'interesse per l'essere umano, senza giudicare, con la curiosità e il desiderio di fare mille domande. Vivo una sensazione magica. L'intervista andrà online il 27 ottobre 2020.

Le prime nove puntate verranno inizialmente pubblicate solo in audio, grazie al montaggio di Edoardo Scognamiglio, che confeziona un prodotto pazzesco. È fuori discussione che una puntata possa superare l'ora e non sappiamo ancora della potenza del vodcast, la pratica di riprendere le sessioni di registrazione di un podcast che prenderà piede in futuro, ma registriamo di tutte anche il video.

La prima stagione, sommando le nove puntate, registra ventimila ascolti/streaming, i follower su Instagram arrivano a essere seicento e sono pochissimi i feedback che riceviamo. Siamo partiti senza sapere dove ci avrebbe portato questo viaggio, eppure un risultato apparentemente piccolo mi ha emozionato tantissimo. Quel pubblico è composto da persone che non conosco e cominciare ad avere qualcuno interessato a quello che sto facendo è una benzina potentissima, che mi spinge ad andare oltre.

La seconda stagione parte con diversi cambiamenti, uno fra tutti l'andare anche in video. John Pentassuglia fa una grande proposta che è quella di mostrarci in bianco e nero. Decidiamo di registrare con questa modalità alcune puntate. La scelta ricade sulle interviste dei personaggi che sarebbero stati cercati su YouTube a prescindere da noi (J-Ax, Elisa Maino, Danny Lazzarin e Max Felicitas). Le altre undici le pubblichiamo solo in audio. Un'altra novità è il fatto che le puntate durano di più, ci prendiamo il rischio di provare a sconfinare l'ora, e abbandoniamo la struttura in tre atti che avevamo usato durante la prima stagione.

Alla fine della seconda stagione facciamo il salto che cercavamo. Così, oltre ai quattro video dei personaggi più in vista, ne giriamo un quinto con un'intervista a me stesso. Eravamo arrivati a intervistare ventisei ospiti. A tutti avevo chiesto di raccontarmi la loro vita, entrando in profondità, era giusto che facessi lo stesso anch'io, ripercorrendo i miei successi e i miei tormenti con trasparenza.

Pubblichiamo la mia intervista su YouTube come ultima della seconda stagione il primo agosto 2022. Sono molto perplesso, mi convinco che sia un errore, di aver agito d'impulso per liberarmi dei miei demoni ma che in fondo le persone non si interesseranno. E ricevo invece un regalo enorme perché il pubblico empatizza con la mia storia. Quel video fa risultati inaspettati ma la gioia più grande per me è che viene riconosciuto un valore alla mia missione: alimentare la speranza della rinascita. Da allora, tutte le volte che ne ho l'occasione, seguendo un grande consiglio che mi ha dato mio fratello Lorenzo, intreccio la mia storia a quella dell'ospite, raccontando in ogni puntata un po' di me.

In quell'estate del 2022 sento di aver trovato il percorso giusto per conoscermi meglio, finalmente mi dedico a qualcosa che mi rende felice, per la prima volta scelgo di fare ciò che mi piace a prescindere dalla convenienza, a differenza di come ho sempre fatto in passato. Fin dall'inizio della mia esperienza lavorativa, a diciannove anni, ero stato narcotizzato dall'apparenza. «One More Time» mi regala la possibilità di credere nella sostanza.

Nella terza stagione entra un partner, OnePodcast, che mettendoci a disposizione le proprie risorse ci dà l'opportunità di dedicarci solamente al contenuto e ambire a fare più puntate. L'intuizione arriva da Antonio Visca, che crede nel nostro potenziale prima che se ne accorgano altri.

Si parte: ogni settimana una puntata per dieci mesi, quarantacinque in totale. Dodici anni dopo la nostra ultima volta, riprende a lavorare con me anche mia moglie Samar, e contribuirà a ridurre drasticamente il rischio di trovarmi in poltrona persone non disposte a entrare nelle proprie emozioni. Inseriamo infatti, nella fase di selezione degli ospiti, la pre-intervista per decidere se procedere o meno con l'invito ufficiale a chi mi attraeva a distanza. Attualmente, meno del 50% delle pre-interviste si trasformano in puntate della stagione. Sono sicuro che man mano questo dato migliorerà.

In concomitanza con l'inizio della terza stagione, ragiono sul fatto che sui social – principalmente Instagram e TikTok – manca un modo originale di far emergere i podcast. Perciò, adottiamo una strategia che risulterà vincente: le clip.

Decidiamo di fare quindici clip video per ogni intervista, della durata di meno di un minuto, catturando i momenti più alti. Questo porta tante nuove persone ogni giorno a cercare la versione integrale della puntata. E cambia tutto: tanti ospiti che non osavamo contattare si propongono. I manager, le case discografiche, gli uffici stampa vogliono mandare i loro assistiti a «One More Time».

Alla fine della quarta stagione, forse per la prima volta nella mia vita, decido di fermarmi a godere di questo bilancio positivo e farmi un regalo: con questo libro celebro le dieci storie che in questi anni mi hanno emozionato di più, dalle prime lacrime per la rinascita di Benji, al momento difficile del periodo del mio burnout durante l'intervista di Gianluca Gotto, alla scoperta della profonda solitudine dietro il successo di Roberto Saviano, passando per il racconto tormentato del rapporto con suo padre di Giuseppe Caprotti, la lucida consapevolezza raggiunta da Nicoletta Amato, la libertà del sé di Danika Mori e le cicatrici di sofferenza di Nathaly Caldonazzo, fino alla forza dirompente delle idee di Guido Brera e alla cazzimma di Capoplaza, senza tralasciare l'incontro molto intenso con Mario Maccione, che ha davvero messo alla prova la grande capacità di ascolto della nostra community. Ogni storia mi ha regalato grandi sensazioni, importanti insegnamenti e l'opportunità di rivivere alcuni passaggi decisivi della mia esistenza. Sto facendo un viaggio meraviglioso, è l'esperienza più bella della mia vita.

Anche questo libro vuole essere un modo per dire alle persone che se cadi non sei solo, succede a tutti e in tutte le storie. Nella mia e in quella degli altri, raccontiamo come ce la siamo cavata, come siamo riusciti a risorgere, e se ce l'abbiamo fatta noi, vuol dire che per tutti c'è sempre una possibilità. Sempre!

Io sono Luca e questo è il libro di «One More Time».

“BENJI”

Tornare alle origini per sconfiggere i demoni

Purtroppo non esiste una scuola che ti insegna a gestire il successo. Se una persona riceve una grande quantità di denaro e non ha pensato prima a cosa farci, è molto probabile che la disperderà. È accaduto anche a me in passato, quando mi occupavo di management in TV. Non sapevo neanche quanto guadagnassi esattamente e non ci ne badavo molto. Fino a che il più grande affare che avesse mai fatto la Luca Casadei Management (LCM), un contratto con Endemol per il «Grande Fratello 12», non va come avevo sperato e pianificato e mi sono ritrovato con un milione di euro di debiti.

Da lì è iniziata una lunga discesa, un gran bel bungee jumping, senza sapere se avessi l'elastico: sono passato da poter fare tutto ciò che desideravo a non avere più i soldi per fare la spesa. Non avevo neanche più un bancomat, niente. In quel momento le banche mi avevano chiesto di rientrare, ed ero costretto a pagare l'affitto ogni dieci giorni perché avevo difficoltà a racimolare la somma necessaria alla fine del mese.

Non avevo più nulla e non sapevo come poter risolvere questa cosa dalla sera alla mattina. In quel momento di difficoltà, ho cercato di prendere tutto quello che avevo imparato in passato e portarlo al cospetto del futuro. Ho guardato YouTube per due settimane intense fino a che ho avuto un'intuizione: trasformare il ruolo di chi produce contenuti originali per la piattaforma in una professione. Decido allora – era il 2008 – di creare una società dedicata che sarà poi Web Stars Channel, la prima *creator media company* nel nostro Paese. L'ho chiamata così perché sapevo che il web avrebbe generato delle stelle e sognavo di aggregarle tutte.

L'ho vissuto più volte questo *up and down*: partire da qualcosa di brillante, cadere molto in basso, per poi ricominciare più forte di prima. Ed è un'esperienza che condivido con molti degli ospiti di «One More Time».

Ho iniziato a selezionare youtuber e, durante questa infinita ricerca, un giorno mi sono imbattuto in un video di Benji & Fede. Ne sono rimasto stregato e ho pensato che sarebbero stati la boy band più forte d'Italia per il pubblico teenager femminile. Da tutta la vita mi capita di guardare un volto, anche se non dice una parola, e capire il suo potenziale.

Ho scritto subito a Benji sui social e ci siamo dati un appuntamento a Milano, al bar Blanco, che in quel periodo di rinascita era diventato temporaneamente il mio ufficio, visto che ero stato costretto a vendere il mio.

Benji è venuto insieme a Fede. Era l'inizio di tutto, l'inizio del loro sogno. Non c'era la casa discografica, non c'era nulla ancora, ma avevano due facce ipnotiche. Tra me e

Benji è scattata subito l'alchimia. Credevo che avremmo lavorato insieme, che avremmo disegnato quella visione, invece non è successo, le nostre strade in quel momento non sono riuscite a incrociarsi.

Dieci anni dopo quel nostro incontro, mio fratello Lorenzo mi manda un post pubblicato da Benji su Instagram per il suo trentesimo compleanno. È un carosello di immagini: in una c'è lui raggiante sul palco, all'apice di quella che era stata la sua vita meravigliosa; in un'altra invece, molto tosta, è in una vasca da bagno con una faccia diversa, in uno stato d'animo cupo, lo sguardo pensieroso e la barba sfatta. Scrive: *Sono arrivato a non alzarmi dal letto per giornate intere. Nella foto mi stavo lavando per la prima volta dopo trenta giorni.*

Vederlo così spento, senza cura di sé, mi colpisce e mi fa male al cuore. Ho voglia di incontrarlo, di capire cosa sta passando. Chiedo agli autori di fare la magia e la fanno.

Benjamin Mascolo nasce il 20 giugno 1993 a Modena. La sua famiglia da parte di padre è pugliese, da parte di madre australiana. «Metà terrone, metà extracomunitario» si definisce lui. Durante la sua infanzia si sente modenese ma, a poco a poco, si rende conto di essere un *ibrido*, perché a casa culturalmente sono australiani.

Il nostro viaggio inizia subito in profondità, con il racconto di suo padre. Non è facile parlare di malattia, specie quando si tratta di sclerosi multipla degenerativa che attacca le abilità motorie e può arrivare a paralizzarti o ucciderti. Il papà ne soffre da prima della nascita di Benji. Sua madre aveva deciso di sposarlo, di dedicargli la sua vita, di farci una famiglia, nonostante conoscesse perfettamente il decorso della malattia. Una scelta di grande coraggio. Ma cosa ha comportato tutto questo per Benji?

«Quando ero piccolo, era ancora in grado di fare cose basilari, come guidare, camminare, cucinare. Nell'arco di dieci anni, non poteva più giocare con me; l'ho visto muoversi con un bastone, poi con un deambulatore, infine in sedia a rotelle. Mettiamola così: a casa non siamo abituati allo stereotipo del padre forte fisicamente. Lui mi ha insegnato una forza diversa, che è la forza d'animo. È sempre stato positivo, ha cercato di evitare di far la vittima e quindi ancora adesso dice di avere la fortuna di esserci» mi spiega, con un orgoglio filiale che mi tocca.

Parlarmi di una cosa così intima, farlo così bene, senza freddezza, è un modo per dirmi *ti sto dando la mano, mi fido di te*. Da questo momento non ascolterò più la sua storia, la vivrò insieme a lui.

È alle medie che prende coscienza di venire trattato in maniera diversa perché australiano. Sperimenta in prima persona la discriminazione e finisce per far parte del gruppo degli emarginati. Lo chiamano canguro, gli arriva qualche schiaffo ogni tanto. «Hai presente nella scena dei film americani il tavolo dove nessuno si vuole sedere? Eravamo io l'australiano, il mio amico russo Taras, il mio amico filippino Josh e Ciro il napoletano.»

E io ne so qualcosa. Sono nato a Parigi, dove ho vissuto fino all'esame di maturità. In Francia mi davano del *rital*, un termine dispregiativo per etichettare gli italiani.

La musica entra nella sua vita all'età di otto anni, quando i genitori gli regalano una chitarra. Scrive la prima canzone a dodici. La scrive a scuola, e lì iniziano i primi veri problemi, perché non studia. Registra sulle audiocassette delle lezioni di sua madre, che fa l'insegnante di inglese. E poi le prime band. Suonano a qualsiasi sagra di paese, assemblea di istituto, feste di fine scuola, apertura in discoteca alle dieci di sera quando ci sono solo i baristi e i due PR, perché mettendoli all'inizio si risparmia sui soldi della SIAE.

Finisce la scuola in Australia, a Hobart in Tasmania, ospite a casa di uno zio materno. Studia design grafico, fotografia e recording studio; nel frattempo mette in piedi una band chitarra e voce con un suo amico e pubblica qualche video su YouTube.

Fede li scopre per caso, online. Anche lui è di Modena. Non si conoscono ma decide di mandargli un video in cui canta *Mad World*. Benji rimane stregato dalla sua voce. Quando torna in Italia per le vacanze di Natale, si incontrano e consegna a Fede un pezzo scritto in italiano per lui. Fede si innamora della canzone, Benji di come lui la interpreta. È l'inizio di una fratellanza. Durante quelle vacanze preparano una demo e mettono il video su YouTube. È fatto con 50 euro di budget, sono andati a girarlo nella casa abbandonata di un contadino. Mentre è in Australia a frequentare l'ultimo anno, quel video fa un po' di views. Diecimila, quindicimila. Per loro è già tantissimo.

Benji ha le idee chiare: si impegna per finire la scuola (deve farlo, per i suoi genitori), ma intanto progetta di tornare a

Modena e iniziare il suo percorso con Fede. Quando il preside australiano lo convoca per conoscere i suoi piani, lui profetizza: «Diventerò una pop star».

Ripresa la sua vita in Italia, è attratto da qualche vizio: sigarette e marijuana.

Si affacciano i primi demoni. «Un giorno ho provato a respirare dopo aver fumato e mi sentivo sott'acqua, quindi sono andato al pronto soccorso, mi hanno ricoverato e sono stato tre settimane in terapia intensiva con un respiratore.»

I medici non capiscono cosa stia succedendo. Decidono di fare una biopsia e scoprono dell'istiocitosi, una malattia genetica polmonare che è stata *triggerata* dal fumo. Benji esce dall'ospedale un mese dopo esserci entrato. Pesa dieci chili in meno. Non si sa se recupererà le piene funzionalità polmonari, per fare sport ad esempio, però se smette di fumare potrà avere una vita normale.

Da questa situazione negativa esce più forte. Mi racconta addirittura che avere quella malattia è stata la sua fortuna. Con tutta la sua spontaneità mi ricorda una grande cosa: è nel cuore oscuro dei problemi, quando lo tsunami sta per travolgerti, hai finito le energie e non pensi possa esserci via d'uscita, che nascono le opportunità. Sta a te riconoscerle al momento giusto.

«Prima di essere ricoverato non mi rendevo conto del loop in cui ero con la marijuana, cioè io fumavo tanto e ogni settimana che passavo in ospedale sentivo la mia mente come se tornasse in sé. Nel mio caso la marijuana mi limitava mentalmente. C'è chi dice che aiuta la creatività e ci credo, forse per qualcuno è così. A me limitava e basta.»

Tornando alla musica, qualche anno prima era esploso in America Justin Bieber, grazie all'online. Benji e Fede sono i primi italiani a fare musica su Facebook e su YouTube. Sono quasi costretti a farlo, visto che li scartano sia da «X Factor» che da «Amici». Di conseguenza puntano tutto sui social, alternando cover a canzoni loro. Le cover sono solo un mezzo per attirare l'attenzione, servono a fare engagement e attirare pubblico da fidelizzare con i loro pezzi. L'obiettivo non è diventare una cover band online: vogliono sfondare.

Poco tempo dopo il nostro appuntamento al Blanco, li nota la Warner. Al primo incontro suonano due canzoni chitarra-voce. «Eravamo gasati neri» mi dice con gli occhi che brillano. Piacciono e firmano il loro primo contratto discografico. Il loro valore è zero in quel momento, partono con il minimo sindacale.

Il primo tentativo della Warner è portarli a «Sanremo Giovani». Sul sito fanno record di ascolti, eppure li scartano. Fanno il provino a «Sanremo», li scartano anche lì. La Warner dice loro di continuare a scrivere canzoni, e loro scrivono, ma non vanno mai bene.

Allora tornano sul web. Lo fanno con una tale serietà che i numeri crescono: cinquantamila, centomila, duecentomila clic.

Il salto lo fanno con i *mashup*. Sono i primi a portarli in Italia. Prendono dieci canzoni famosissime e le mettono in due minuti sulla chitarra acustica, mischiandole tutte. Fanno cinque milioni di visualizzazioni.

Non si limitano al web: tramite Facebook organizzano appuntamenti, i famosi *meet and greet*, quelli che un tempo si chiamavano raduni. All'inizio si presentano in cinquanta, poi in cento, fino a quando un giorno in piazza del Popolo trovano ad aspettarli ottocento persone. E Benji e Fede restano là, fino a notte fonda, a fare una foto con ognuno, contribuendo così a creare un pubblico che li segue.

Due anni dopo hanno duecentocinquantamila fan su Facebook. La casa discografica capisce che è arrivato il momento di lanciare il primo singolo. Esce *Tutta d'un fiato.*

Le radio invece li passano col contagocce: li vedono come fenomeni online, non come una vera realtà discografica. Loro nel frattempo stanno facendo milioni di views, qualche live in giro, apparizioni gratuite, in mezzo ad artisti più famosi, in festival di vetrina.

Lo stesso anno pubblicano il primo disco e si organizza l'instore a Milano. Non sanno bene cosa aspettarsi, ma quando vanno sul balcone per salutare in piazza Duomo sembra che sia arrivato il Papa. Iniziano a firmare a mezzogiorno e devono tenere aperta la Mondadori fino all'una di notte. «Esplode tutto, cioè lì è quando ci siamo resi conto che stava succedendo il delirio.»

Nel giro di poco tempo arriva il loro primo disco di platino e inizia una giostra assurda. Fanno cinque dischi in cinque anni, tutti e cinque primi in classifica, tutti e cinque platino o multiplatino, e per ognuno c'è la scrittura, la produzione, il tour promozionale e quello musicale. Vivono situazioni di isteria incredibili. Non hanno idea di come gestire la fama. Nessuno ce l'ha. Se ti domina, il successo ti mangia dentro.

È difficile essere compresi. Da una parte, Benji ha questa vita così fortunata, sta vivendo un sogno, ma la visibilità ha sempre il suo lato oscuro. Tra i ventitré e i ventiquattro anni, ha il suo primo burnout. Dopo il grande entusiasmo iniziale, gli pesa la mancanza di libertà. La sua giornata lavorativa è totalizzante e sta rinunciando ad alcuni degli anni più belli della sua vita. «I miei amici escono a cena il sabato, io il sabato sono in studio, i miei amici vanno in vacanza a Mykonos, con la fidanzata o tra di loro, io sono in tour.» Non ci godiamo mai tutto quello che abbiamo, ne capiamo il valore sempre dopo, spesso quando l'abbiamo perduto.

Non prende pause, lavora tutti i giorni, tutto il giorno, senza *day off*, lo stress è alle stelle. E comincia ad ammalarsi. Infezioni, placche in gola, disturbi vari. Ogni due settimane, un ciclo di antibiotici. Appena sta un po' meglio riprende a lavorare, anche più di prima. Il suo corpo sta cercando di dirgli che deve fermarsi ma lui non lo ascolta.

Quando si è poco lucidi e deboli, i demoni sono più attraenti e ci vuole poco a cadere nella tentazione di nuovi vizi.

In questo periodo di difficoltà emotiva, Benji e Fede, partiti come una squadra molto affiatata, sperimentano i primi attriti. Ricevono pressioni esterne, tante persone dicono loro cosa devono o non devono fare. Iniziano ad avere opinioni divergenti, molto spesso Benji si ritrova a dire di sì a delle proposte per evitare lo scontro. Con numeri così alti, la discografica vuole farli lavorare con i migliori autori in Italia, i migliori produttori, quindi Benji si occupa sempre più della parte manageriale e sempre meno di quella artistica. Cerca allora di ritagliarsi un po' di spazio per cantare, ma Fede non è d'accordo.

C'è un aspetto del carattere di Benji che ho trovato davvero eccezionale, e viene fuori in diversi momenti della nostra intervista: lui non fa mai la vittima, non attribuisce colpe a nessuno, si prende le responsabilità di quello che gli succede. Questo, però, insinua in lui una forma sempre più inarrestabile di insicurezza.

Riceve qualche concessione da parte di Fede, ma non è abbastanza. La goccia che fa traboccare il vaso arriva quando lavorano a *Dove e Quando*, la loro hit più importante, cinque dischi di platino. Dopo che Fede canta la canzone, Benji chiede di usare il microfono e fare una parte. Sono stressati fino alla morte perché sono in mezzo a un tour, con mille casini da gestire. Si urlano contro. Non riescono più a capirsi. Quella sera, Benji va a dormire dicendosi di non poter più continuare così.

Nonostante la scissione, Benji parla ancora di Fede con molto rispetto, con fratellanza. Quando un rapporto finisce è bello che l'altra persona mantenga un posto da protagonista nel nostro cuore. Lasciare andare chi non è pronto ad amarci come vorremmo è la cosa più difficile che dobbiamo fare nella vita, ma è anche tra le più importanti.

Benji si prende per la prima volta in cinque anni qualche mese di pausa e va in America, per il *Coachella*, un festival musicale internazionale che si svolge in California.

E qui si apre un altro grande capitolo della sua vita, quello dell'amore, e in particolare di un rapporto specifico, quello tra lui e Bella Thorne. È un sogno meraviglioso, un amore travolgente, folle, smodato. Si sprigiona un'energia vitale allo stato puro che spazza via il sonno, la fatica e, temporaneamente, i demoni.

Lei gli aveva scritto su Instagram anni prima, e quando lui va a Los Angeles le manda un DM su Instagram dicendo che sarà al *Coachella*. Si incontrano e ciò che lo affascina dal primo momento non è il suo aspetto, ma il modo che ha di essere se stessa. Una scossa che parte dal cervello e arriva dritta al cuore.

Per la prima volta si sente capito, anche per i suoi problemi legati alla fama, perché lei è una superstar da quando aveva dieci anni.

Si uniscono nel desiderio di tornare a vivere come bambini e di recuperare un po' della spensieratezza che entrambi hanno perduto. I due innamorati decidono allora di rinunciare a degli impegni lavorativi per vivere un po' di normalità. Hanno la possibilità economica di fare quello che gli pare.

«Io vedevo questi bonifici da centinaia di migliaia di euro che entravano e per me erano come punti esperienza di un videogioco. Li ho spesi un po' a caso, devo ammettere, ma c'è anche da dire che ne guadagnavo così tanti che in quel momento i soldi non erano un problema.»

Tra Benji e Bella va molto bene. Sono felici, innamorati. Il cuore batte più forte, il respiro è più intenso. Lui la porta in Italia, al lago di Como, in Sardegna e altri posti meravigliosi per scoprire un po' di cultura italiana. Si lasciano trasportare dalla follia lucida dell'innamoramento viaggiando in giro per il mondo.

Al rientro negli States, Benji segue Bella sul set e riesce a introdursi a Hollywood. Fanno due film insieme e il primo ha un discreto successo. Un giorno, agli Universal Studios a Los Angeles, appena uscito *Time is up*, Benji vede il poster del film con la sua faccia gigante e dentro di sé pensa a tutti quelli che gli avevano detto: «Vai in America, perdi tutto, stai buttando via la tua vita». Ha un delirio di onnipotenza, la considera la sua rivincita. *Ce la sto facendo, si dice, mi sto ritagliando uno spazio anche qui.*

Se basi il tuo valore umano solo sui numeri, troverai sempre qualcuno più grande di te.

E Benji infatti si sente sempre inferiore. È meno famoso, meno ricco, meno bello... e non sono le altre persone a farlo sentire in difetto, è un suo stato d'animo. La soddisfazione di sé, l'intima consapevolezza del nostro potenziale e la fiducia nelle nostre capacità non possono dipendere dagli altri.

Nel rapporto con Bella subentra poi una novità che lo rende ancora più insicuro. Benji torna spesso in Italia, la famiglia e il lavoro lo chiamano, ma lei soffre tantissimo a stare da sola. Quando è via lo tiene al telefono per ore, piangendo, fino a che un giorno gli chiede il permesso di uscire con un'altra. Bella è bisessuale. Benji accetta, vuole renderla felice. Al suo rientro seguono un *flow*, quello delle relazioni sessuali trasgressive, che comincia come un divertimento, e si ritrovano a praticare il poliamore, ma presto si trasformerà in un incubo di incomprensioni e gelosie reciproche.

«All'inizio uno pensa *che figata, no? Sono fidanzato, sono innamorato, e vado a letto con altre donne, modelle, attrici*. E lo racconti all'amico, e sì, ti senti figo. Non mi rendevo conto che quella cosa stava andando a erodere piano piano la nostra intimità.»

Il loro rapporto diventa tossico. Come è accaduto per Fede, Benji se ne assume tutta la responsabilità. Se nella sua vita le cose non sono andate come ha voluto, la colpa non è delle persone che aveva intorno.

A questo punto dell'intervista arriviamo a un altro livello di profondità, sento le sue emozioni.

Benji mi racconta della nuova caduta. Viene introdotto a sostanze più pesanti e ogni giorno fa uso di Adderall, un farmaco che si dovrebbe prendere dietro prescrizione, ma che lui compra al mercato nero. Sono anfetamine che lo aiutano a stare concentrato. Poi ci aggiunge l'uso di funghi allucinogeni due, tre volte alla settimana, e per fare festa prende dell'ecstasy.

«Non era più 'vado alla festa più figa o interessante o con le persone a cui voglio bene. Vado alla festa più pazza, vado al concerto rock più fuori di testa'. E non è più... prendo una pasticca ogni tanto. Era, ne prendo una, due, tre. Sono arrivato a farmi sei, sette pasticche di ecstasy in un giorno, non dormire per una settimana. E ci sono arrivato in un momento di debolezza interiore. Mi sentivo perso nel mondo.»

Non torna a casa da tanto tempo, non vede gli amici di vecchia data, la famiglia è lontana. E va allo sbando. Fino al punto in cui Bella lo allontana. Gli dice: «Finché non risolvi i tuoi problemi con la droga, non possiamo più vivere insieme».

Lui, invece di tirare il freno a mano, accelera. Va a vivere in hotel a Beverly Hills, inizia a fare festa e per una settimana non dorme e non mangia. Ecstasy, funghi, anfetamine, tutto mischiato a tequila e altro alcol. Emotivamente è distrutto, non si riconosce più. Ha calpestato tutti i suoi valori, trattato con sufficienza persone a cui voleva bene.

Io ho avuto un altro vizio, la ludopatia. Lo stesso di mio padre. Il gioco d'azzardo mi ha attratto fin da quando ero bambino, mi eccitavo già vincendo crediti in quelle specie di lotterie random finali dei flipper. Poi una volta, in crociera con i nonni, avrò avuto dodici anni, sono entrato al casinò della nave, di pomeriggio, quando era chiuso e facevano le pulizie, grazie al direttore amico di mia madre, e ho scoperto le macchinette. Ero talmente desideroso di trasgredire che a diciassette anni sono riuscito a falsificare il mio documento pur di poter entrare in un casinò. E da lì ho giocato per tantissimi anni, perdendo centinaia di milioni di lire. Quando mi sono reso conto di essere entrato in quel loop era troppo tardi, ero un ludopatico, anche se non lo ammettevo a me stesso. Stavo perdendo tutto quello che avevo. Quindi so per certo che nella tossicità ci si dà sempre un obiettivo. Per Benji l'obiettivo è drogarsi sempre di più per conoscere i suoi confini. E arriva al limite più estremo. «Sono quasi morto di overdose. Almeno una volta ho rischiato veramente tanto. Ma in quel momento, mentre mi sentivo morire, mentre stavo cercando di aggrapparmi a cose materiali, perché stavo malissimo… mi ripetevo in testa *voglio vivere, voglio vivere, voglio vivere.*»

L'ultima sera in cui vede Bella tocca il punto più basso della sua vita. Va a una festa strafatto, è da una settimana che non dorme. Sono le tre di notte, gli entra la paranoia di dover a tutti i costi parlare con lei.

Prende un Uber e da West Hollywood arriva a Topanga. Si trova al cancello di Bella che sono le quattro del mattino. Scavalca, violando la proprietà privata, e comincia a camminare come in trance. Dal cancello alla villa è un percorso parecchio lungo. Dopo cento metri toglie la giacca con dentro il telefono, due o tremila dollari in contanti, e la butta per terra. Altri cento metri e lancia via la felpa. Cento metri alla volta si libera di ogni cosa. Arriva alla porta nudo.

Non sa perché. È guidato dall'unico pensiero che ha in testa: deve parlare con Bella. Entra in casa, va al piano di sopra, e la trova che sta cercando di dormire. Piena d'ira gli urla di andarsene. Benji scappa via. La casa si trova sopra

Malibù, sulle colline, con una vasta foresta intorno. Corre nudo e scalzo. Le spine gli si conficcano nella pianta dei piedi e i rami lo feriscono, ma lui è così fatto che non sente niente. Per fortuna un loro amico che vive insieme a Bella l'ha seguito in moto e lo aspetta con un accappatoio alla fine della foresta. Gli chiama un Uber ma, salito in macchina, Benji dice all'autista di lasciarlo al primo parco che trova. Lì si mette a dormire sotto un albero e si risveglia verso le dieci di mattina. Gli è sceso un po' l'effetto della droga e decide di tornare a casa. Non ha il cellulare, non ha soldi, non ha niente. West Hollywood è a un'ora di macchina. Cammina per due ore, ma è giugno, l'asfalto è rovente ed è costretto a fermarsi: ha i piedi ricoperti di vesciche.

Si sistema nel parcheggio di un golf club, sotto un albero, e decide di fermare le persone e chiedere un passaggio in cambio di diamanti, oro, soldi. Ma è strafatto, in accappatoio, in condizioni pietose. La reazione di quasi tutti è di paura. «In quel momento ho pensato che io ero sempre stato quello dall'altra parte, quello con l'orologio, che girava con la Porsche e vedeva il senzatetto, no? Questa volta qua, si era ribaltata la situazione.»

Nessuno vuole aiutarlo. È sull'orlo del pianto quando vede arrivare una coppia che si dirige verso una macchina. Come ha fatto con gli altri, usa tutta l'educazione che gli hanno insegnato i suoi genitori, ma rispondono che stanno andando in direzione opposta. Benji si gira affranto, pronto ad andare via, quando i due lo richiamano. Il tipo lo guarda e gli dice che lo vuole aiutare: ha perso suo zio per un'overdose. Va in macchina, apre il baule, prende un paio di scarpe, dei pantaloncini e una maglietta. Benji piange a dirotto, avere delle scarpe in quel momento è il regalo più bello. Li ringrazia in tutti i modi, si scrive il loro numero di telefono sulla mano e promette che quando tornerà a casa gli manderà dei soldi. Il ragazzo gli risponde: «Se Dio ti ha portato oggi davanti a noi è perché voleva che ti aiutassimo. E tu ci hai fatto un dono permettendoci di farlo».

Gli chiamano un Uber per andare a casa. Appena arrivato, si addormenta. Dorme per quasi due giorni. Al risveglio trova suo fratello Alexander, è venuto a prenderlo dall'Australia. «È ora di tornare in Italia e smetterla con la droga» gli dice.

Benji gli risponde sgarbato, vuole vivere così, vuole decidere della sua vita, ma il fratello urla ancora più forte e si mette a piangere, in un modo che Benji non aveva mai visto. È come uno schiaffo in pieno viso. Si rende conto di aver fatto un casino gigante. Non sta solo distruggendo se stesso ma sta facendo del male alle persone che lo amano.

Accetta di tornare in Italia, nascondendo le droghe in valigia. Una volta a Modena prova di nuovo quell'affetto che gli era tanto mancato... dei suoi, degli amici veri, di chi lo conosce da quando era piccolo.

Al rientro suo padre non gli dice tanto. Ormai fa fatica a muoversi, ma il giorno dopo decide di cucinare delle uova sode, sa che a suo figlio piacciono molto. Non si vedevano da un anno, si siede vicino a lui in silenzio e lo osserva mentre mangia.

Benji lo fa con grande appetito, da tempo non gli capitava. Sono le uova più buone che abbia mangiato in vita sua. La presenza taciturna di suo padre, quel suo modo di dire *io ci sono*, è tutto ciò di cui ha bisogno.

I demoni sono molto più attraenti di qualsiasi altra cosa positiva nella vita, purtroppo, se no non cadremmo in depressione, nelle droghe, non faremmo cazzate. Ma capire il dolore che abbiamo causato alle persone che amiamo ci può aiutare forse a prenderne la dovuta distanza.

Raccoglie ecstasy, anfetamine e tutte le schifezze che aveva portato dall'America e le butta nel bidone della spazzatura sotto casa. Passa trenta giorni a letto, trenta giorni senza lavarsi, non esce. Alla madre preoccupata dice di avere bisogno di attraversare quella sofferenza. Arriviamo così al post per il suo trentesimo compleanno, quello che mi fa decidere di intervistarlo. Il messaggio che vuole dare agli altri è che per uscire dal baratro devi fare quel piccolo passo, anche se è un passo minuscolo come radersi, uscire a correre, farsi una doccia. Bisogna ricominciare a trattarsi bene.

Lo sento raccontare e mi viene da piangere, è la prima volta che mi succede durante un'intervista. Sono nella testa di suo padre, ma anche nella sua. Non basta eliminare le droghe e gli altri eccessi, perché quando li togli ti resta un vuoto dentro, lo stesso vuoto che avevi cercato di colmare con quelle droghe, con quegli eccessi. Conosco bene la sensazione di voler uscire dagli inferi.

Quando ero un giocatore, giocavo molti più soldi di quelli che avevo. Vincere non mi dava nessuna emozione, mi emozionavo solo quando perdevo. Così se vincevo continuavo fin quando non avevo una botta adrenalinica, che arrivava solo perdendo tutto. L'unico modo per stare fuori da quegli ambienti è non frequentarli più, non frequentare chi ama la stessa cosa. Io sono arrivato a scrivere una raccomandata a ogni casa da gioco chiedendo di non ammettere più la mia persona. Mi sono fatto interdire l'ingresso per un anno. Alla mezzanotte del dodicesimo mese ci ho messo subito piede, e ho perso una cifra che solo qualcuno senza controllo è in grado di perdere. Il giorno dopo ho fatto ripartire una richiesta di auto-interdizione, questa volta per cinque anni.

«Sicuramente ci sono delle persone là fuori che possono bere un bicchiere ogni tanto e non diventare alcolizzati, oppure drogarsi una volta all'anno, a Capodanno, e non finire nella droga. Io ho capito che non posso prendermi più questo rischio, cioè per me la sobrietà è una scelta, penso e spero, per la vita. Ho conosciuto quella parte di me, questo lato scuro, e adesso che lo conosco e so che ce l'ho dentro, so che ce l'avrò dentro sempre, perciò devo tenerlo a bada, cercando di vivere una vita da sobrio, circondato da persone che mi vogliono bene e a cui voglio bene.»

Sono contento di vederlo così centrato e mi dà sollievo che abbia paura, perché quando siamo spavaldi sottovalutiamo le nostre tentazioni. Mai abbassare la guardia, perché la strada è lunga.

Dopo essere tornato a Modena, credere di aver buttato via tutto, aver concluso un percorso di psicoterapia di un anno, essere stato vicino alla sua famiglia, Benji è di nuovo quello che ho incontrato al Blanco dieci anni prima. Anzi no, è una persona migliore, più consapevole. Ora prende sul serio la vita.

Mi rivedo in ciò che ha raccontato, nella sua incapacità di avere mezze misure. Da soli si fa fatica. Ce la si può fare, ma è difficile svegliarsi una mattina e dire basta. Anche io per colpa della mia ludopatia ho creato mille casini, l'equilibrio l'ho trovato grazie a mia moglie Samar. Lei è tosta, dopo un'estate folle passata a giocare a poker fino alle dieci del mattino, mi ha messo di fronte a una scelta definitiva: la mia famiglia o il gioco. È importante avere il coraggio di chiedere aiuto, avere una persona che ascolti, che rispetti, che stimi, che temi. Nessuno si salva da solo. Tiriamo sempre fuori il petto anziché il cuore, facciamo gli orgogliosi, non diciamo qual è la nostra vera necessità, la mascheriamo con l'arroganza.

Per Benji è l'anno della maturazione. È pronto ad affrontare la vita. Quella ritrovata è la stessa che ha lasciato, se vuole che qualcosa cambi, deve essere il primo a porsi in modo differente.

Aveva giurato a se stesso che non si sarebbe più innamorato, invece succede. Incontra una ragazza a Modena, è perfetta per lui, il tassello mancante del suo puzzle, fuori dall'ambiente dello spettacolo. Ha una mano che può stringere forte nella propria, e può correrci, camminarci, perdersi nella sua guida, come io ogni giorno da ventitré anni mi perdo in quella di mia moglie.

In uno dei momenti più bui, mentre lottava per restare sobrio, in posizione fetale sul letto, la febbre a 39 e mezzo, lo ha chiamato il suo manager e gli ha detto: «Non so chi è il tuo angelo custode ma mi hanno appena chiamato dall'America per fare un film». È il capitolo finale di *After*, saga di grande successo internazionale che lo aiuta a rinascere professionalmente.

Incontro Benji spesso in palestra, si è trasferito a Milano, si prende molto cura di sé, si è sposato. Con me è sempre più aperto, arriva, sorride, addirittura ride e io me lo godo. A volte non ascolto neanche le sue parole, lo guardo e lo vivo, lontano dai demoni.

Quello che gli manca ora non è un altro disco di platino, non è un altro milione in banca: ciò che vuole è una famiglia, avere dei figli a cui trasmettere dei valori, raccontare anche tutte le bravate del papà, sperando che possano imparare, affrontando nella loro vita percorsi meno rischiosi ma altrettanto formativi.

Benji mi ha lasciato la bellezza dell'essere autentici. Sempre più spesso gli ospiti del podcast decidono di darsi la possibilità di aprirsi, di mostrarsi fragili e, in alcuni casi, irrisolti. È bello essere fieri di noi per tutto quello che siamo, saperci riconoscere, integralmente, in tutta la nostra verità. Solo accettando noi stessi per quello che siamo e dando un nome ai nostri demoni possiamo lasciare spazio al cambiamento. Benji è un manifesto della fioritura. La sua rinascita, arrivata anche grazie alla riscoperta dei rapporti autentici che aveva con i suoi familiari e gli amici più cari, me la porto dentro per dirmi ogni giorno che c'è sempre una volta ancora, un *one more time* per ognuno di noi, e dobbiamo stare vigili per cogliere le opportunità che ci possono rendere migliori e più consapevoli.

Con il cuore, da Benji

Nei giorni successivi all'uscita del podcast ho vissuto un saliscendi emotivo molto intenso: avevo appena dichiarato a tutta Italia che il ragazzo dal viso pulito divenuto famoso come idolo di un'intera generazione di adolescenti italiane in verità era diventato un ex tossico donnaiolo che girava nudo e strafatto per Hollywood.

Niente di nuovo, certo: la mia è purtroppo una parabola già vista e sentita più volte nel mondo pop di chi ha avuto *tutto* subito e troppo presto, ma non per questo meno sorprendente e inaspettata, al punto da diventare virale in un batter d'occhio su ogni piattaforma e testata giornalistica del Paese. Crescendo ho sempre voluto essere al centro dell'attenzione, come se stare sotto i riflettori potesse colmare ogni mia insicurezza, ma questa volta era diverso; si era alzato il velo che separava la finzione dalla realtà, il personaggio pubblico dalla persona umana.

In quei giorni, mentre spezzoni di video in bianco e nero della conversazione tra me e Luca giravano sugli schermi di milioni di telefoni della penisola, io camminavo agitato per le strade della mia piccola città di provincia consapevole che lo sguardo sorpreso dei vicini di casa, come del fornaio all'angolo e di quasi ogni estraneo che incrociavo, portavano con sé un carico emotivo che variava nel giudizio, dallo stupore alla compassione al disprezzo, e mille altre sfaccettature.

Sentirsi nudo (questa volta metaforicamente) davanti al mondo può far paura al punto da paralizzarti, o da spingerti a voler scappare lontano e nasconderti sperando che sia tutto solo un brutto sogno.

Ma poi, a volte, succede qualcosa di davvero magico.

Mentre online impazza una guerra polarizzante di post e commenti – tra chi ammira il coraggio e apprezza l'onestà e chi offende o critica aspramente la storia di un ragazzo *privilegiato* che ha sputato sulle sue più grandi fortune – ecco che all'improvviso un vecchio amico che non senti da troppo tempo ti riscrive un messaggio con parole di vicinanza e affetto. E poi, uno sconosciuto, che ha tragicamente perso una persona cara a causa della droga, ti ferma per strada con un abbraccio e ti ringrazia dal profondo del cuore per aver sensibilizzato tanti sull'argomento.

E ancora, un'ex fan che si era allontanata perché non eri più *lo stesso* del poster che aveva appeso in camera ora realizza per la prima volta chi sei davvero e si riavvicina consapevole che è proprio la nostra umanità a renderci speciali, e non la proiezione di una finta perfezione idealistica.

Così per mesi e mesi fino a oggi, qui nel mondo reale, fuori dalla ragnatela di internet, ricevo ancora tanto amore e supporto per il podcast, al punto di eradicare dal sottoscritto quasi interamente *la sindrome dell'impostore*, ovvero quella terribile vocina nella testa che quando accade qualcosa di positivo nella tua vita prova a convincerti che non la meriti e non durerà, perché se solo il mondo sapesse chi sei *veramente* sotto quella maschera, allora perderesti tutto.

La rinascita di un uomo si scrive in più capitoli, il primo parte dal dolore e dalla sofferenza di essere caduto giù fino al punto più basso degli inferi, passando per l'ammissione di colpa, la presa di responsabilità e tanti altri passi importanti.

Su questo cammino verso la mia piccola-grande redenzione, sono grato di aver incontrato Luca e il suo «One More Time».

Oltre ad aver scoperto un amico e un grande professionista, ancora oggi attraverso di lui ascolto le storie di altre persone, proprio come alcuni fanno tuttora con la mia, consapevole di avere ancora tanto da imparare in questa giostra incredibile di alti e bassi chiamata... vita.

Benjamin Mascolo

“NICOLETTA AMATO”

La rinascita non è un azzardo

Nel libro che parla della sua vita – *La vita giocata*, scritto da Daniela Rossi – Nicoletta Amato dà un messaggio chiarissimo: non bisogna mai vivere sempre e solo all'ombra di qualcun altro. Lo ha imparato sulla propria pelle come figlia e moglie di due persone molto carismatiche e ingombranti.

Quando un giorno mi ha parlato di questo progetto editoriale mi ha un po' sorpreso. Non essendo un personaggio con un pubblico di riferimento, ho pensato che avrebbe fatto fatica a vendere. Tra l'altro l'esposizione mediatica non è mai una strada rosea, ancor di più per chi non è abituato a mettere in piazza il proprio vissuto. Le ho chiesto perché avesse deciso di farlo, e lei mi ha fatto capire semplicemente: «Voglio far vedere al mondo che ci sono, che esisto».

Mi è sembrato sacrosanto, e ho trovato che il suo mettersi in gioco e in discussione potesse essere un esempio meraviglioso per chiunque. In perfetto stile «One More Time», lo scopo dell'intervista non è promuovere il libro ma far parlare un'anima coraggiosa a beneficio di tutte le persone che magari si trovano in situazioni simili alla sua ma non sanno come uscirne, come leggerle, dove trovare la felicità.

Per raccontare la sua storia, è necessario come sempre partire dall'inizio. Nicoletta Amato nasce il 21 ottobre 1957 a Sanremo. «Nella città dei fiori, una città di mare che mi ha accolto, dalla quale sono partita molto presto» mi racconta con la nostalgia negli occhi.

A circa tre anni diventa lombarda di adozione, ma i suoi genitori continueranno a portarla in vacanza nella loro casa di Sanremo e per questo associa da sempre la Liguria ai periodi felici dell'infanzia, all'estate, al ritrovare la compagnia degli amici, allo stabilimento Bagni Azzurri. Ancora oggi per lei è un luogo di gioia, la sua oasi di pace.

Suo padre è direttore artistico del casinò di Sanremo, diciamo il capo ufficio stampa, e si occupa anche di organizzare eventi e manifestazioni. È lui il primo a pensare al Festival di Sanremo. «È stato lungimirante, fu il primo a contattare le case discografiche, a creare delle situazioni di business attorno al Festival, però sempre per il suo datore di lavoro, che era il casinò, mai per un suo beneficio diretto.»

Nel 1959 Angelo Nicola Amato decide di lasciare l'incarico e trasferirsi a Milano. Era stato partigiano e, durante la Resistenza, aveva conosciuto Enrico Mattei, che gli offre di scrivere per «Il Giorno», il quotidiano che dirige. Laureato in economia e commercio, iscritto all'albo dei giornalisti, il padre di Nicoletta decide di fare il grande passo.

«Ricordo che ci trasferiamo in affitto in un piccolo appartamentino in via Meina, arredato, dove la mamma era molto triste perché aveva dovuto lasciare mio fratello undicenne a Sanremo.»

Il fratello di Nicoletta vive separato dal resto della famiglia per tre anni. È adolescente, e non capisce perché sua sorella è potuta andare con i suoi genitori e lui invece deve rimanere a Sanremo. Questa gelosia crea una barriera tra di loro, una barriera che non riusciranno mai a superare. «Non abbiamo mai avuto modo di parlarne, e anche oggi che siamo adulti non c'è dialogo tra noi. Non ci vogliamo né male né bene, diciamo che siamo persone che non si frequentano.»

Certe percezioni, a volte, hanno bisogno di tempo per essere elaborate, o di un confronto diretto con l'altra persona per capire il suo punto di vista. Dobbiamo trovare il modo di chiarirci con chi ha avuto un posto nel nostro cuore. Che il rapporto prosegua o che dopo il chiarimento si decida di mettere la parola fine, è importante vederci chiaro, nel bene e nel male, altrimenti ci porteremo dietro per tutta la vita un'emozione ingombrante e logorante.

Il padre di Nicoletta è un uomo di grande visione, ma allo stesso tempo è una persona concreta, capace di realizzare i propri sogni. Conosce un siciliano che vive a Roma, un certo Franco Puzzo. Franco gli propone di creare una società per la vendita di spazi pubblicitari. Si occupano delle affissioni nei pullman, nei tram – urbani ed extraurbani – e pian piano il business si allarga. Fondano una concessionaria pubblicitaria. Lui rimane a Milano, Puzzo lavora da Roma. Le cose vanno benissimo e dal primo momento le vendite esplodono. In un paio d'anni riesce a comprare una casa a Milano, più grande e più bella, in modo da far contenta sua moglie che, nata e cresciuta al mare, ha bisogno di spazi ampi.

Si trasferiscono così in via Ressi 21. Nicoletta ha circa sei anni e finalmente li raggiunge anche il fratello che, appena arrivato a Milano, frequenta la prima liceo all'Istituto Gonzaga. «Mio padre ci ha sempre fatto studiare in scuole private molto serie, perché per lui era superfluo il vestito ma vitale l'istruzione.»

Una volta arrivati nella nuova casa, la madre nota che la vicina, tutti i fine settimana, carica il Maggiolone per partire con il marito e i figli. Un giorno si decide a chiederle dove sono diretti e la vicina le risponde: «Abbiamo una casetta in campagna ad Anzano del Parco, venga a trovarci con suo marito e gliela facciamo vedere». Catturati dall'entusiasmo della vicina, i genitori di Nicoletta accettano l'invito e, arrivati a 35 km da Milano, vedono per la prima volta il lago di Alserio. «La mia mamma vede l'acqua ed è come se avesse visto la Madonna!»

Poco tempo dopo, il padre compra i primi appezzamenti di terreno dalla Marchesa Carcano, la proprietaria di tutto il paese, e così anche la famiglia di Nicoletta inizia il rito del weekend in questo paesino della provincia di Como, in Brianza. Rito che continuerà per anni e anni.

Dacché il padre acquisisce un'ottima posizione economica, cominciano anche a viaggiare tantissimo. Lui considera il viaggio fondamentale per aprire la mente dei figli. Visitano posti stupendi.

In famiglia ci sono dialogo, amore e serenità. Nicoletta cresce in un ambiente benestante, all'ombra di un padre importante, sempre misurato, anche negli affetti e negli abbracci. «Non si facevano cose giocose, si viaggiava, si parlava, ci si interfacciava, ma sempre in modo serioso.»

Quando ha diciassette anni succede qualcosa di decisivo per la sua vita: tutta la famiglia va in Martinica a festeggiare Natale e Capodanno, a cavallo tra il 1974 e il 1975. Ci sono tanti francesi – è un'isola delle Antille, dipartimento francese d'oltremare – ma gli italiani sono pochi e si ritrovano a sedersi vicini per fare quattro chiacchiere. Un paio di giorni dopo l'arrivo, suo padre presenta a Nicoletta uno stilista italiano, un uomo affascinante, che vive in Francia. Il loro è un colpo di fulmine fatto di parole non dette, lunghi sguardi e baci rubati. «C'era solo un problema: questa persona aveva quarantatré anni, ventisei più di me, quasi la stessa differenza di età che avevo con il mio papà.»

Nicoletta non ha mai avuto un fidanzato, giusto qualche simpatia, qualche bacio di sfuggita, senza mai andare oltre. Si innamora alla follia di quest'uomo che la corteggia goffamente. Lui è impacciato, lei timidissima. I suoi genitori tra l'altro la tengono controllata. Non riescono mai a vedersi da soli.

Alla fine della vacanza tornano nelle rispettive città, ma rimangono in contatto. Nicoletta gli affida l'indirizzo di un amico e lui le dice: «Ti scriverò». Sono ancora gli anni delle lettere, e l'unico modo per telefonare fra Italia e l'estero è quello di andare a un centralino. «Io queste chiamate le facevo da quello di Como, passavo i miei sabati pomeriggio ad aspettare di potergli parlare.»

Dopo circa un mese e mezzo di contatto a distanza, lui dice a Nicoletta che andrà a Milano. Si potranno incontrare all'Hotel Gallia. Però Nicoletta non può uscire e allora, pur di rivederlo, si inventa che deve portare dei compiti all'uscita di scuola. «Non saremo stati più in costume da bagno, nel Mar dei Caraibi, tutti abbronzati. Ero un po' intimidita... ero curiosa, certo, ma avevo anche paura. *In giacca e cravatta*, pensavo, *come sarà? Mi piacerà lo stesso?* Per me entrare in quell'albergo da sola è stato come entrare in un'astronave.»

Nicoletta si dirige al bar e lo vede. Le sembra accerchiato da un fascio di luce: jeans a vita bassa, camicia bianca e blu a righe, sorriso smagliante. Incontrandolo di nuovo conferma tutte le sensazioni che aveva provato in Martinica. Entrambi vorrebbero fare qualche passo avanti per conoscersi meglio, ma lei è minorenne, non può andare da nessuna parte, ha il tempo contato, mezz'ora e deve tornare a casa.

Riesce a vederlo di nuovo dicendo che va a fare i compiti da Orietta, la sua compagna di banco. Lo stilista le dà appuntamento in una casa che ha avuto in prestito da un cliente. «Era emozionante ma erano sempre incontri scanditi dall'orologio, a quest'ora arrivo, a quest'ora devo andare via. Quella volta cercai di dimenticare il tempo e ci ritrovammo lui e io sotto le coperte. Fu bellissimo scoprire la sensualità di un uomo, il suo corpo, il calore di un abbraccio. Ricordo che quando lui mi guardò, mentre mi spogliava, mi disse 'sapevo che eri bella, ma non così tanto'. Quella frase mi rincuorò e riuscii a sconfiggere la mia timidezza. Ci baciammo, nient'altro, non successe nulla che non doveva succedere, perché in quel momento prese atto della mia verginità, e ne fu un po' spaventato. Disse 'ma tu sei veramente una bambina, devo stare molto attento'.»

Si danno appuntamento a una prossima volta, ma è una prossima volta indefinita. Nel frattempo Nicoletta confida alla sua amica Orietta che, comunque vadano le cose, lei farà l'amore per la prima volta con quell'uomo, *perché la prima volta è importante, deve essere speciale* e dunque, anche se poi non lo vedrà mai più perché il destino li allontanerà, ha deciso che sarà con lui.

Lo stilista è in realtà un *ambulante di lusso*, come gli piace definirsi, perché essendo un promotore di moda capisce prima degli altri che i negozianti sono stufi di decidere d'estate quello che compreranno per l'inverno e viceversa. Lui fa il vero prêt-à-porter. A Parigi carica dei tir con i capi confezionati, comincia la sua tournée a Torino e la finisce a Vibo Valentia, in Calabria, vendendo ai negozianti delle varie città in cui espone gli abiti pronti da indossare portati dalla Francia. A ogni tournée, pagate le spese, si mette duecento milioni puliti in tasca. Per il 1975 è tanto denaro.

Un giorno Nicoletta dice alla sua famiglia che, insieme a Orietta e a Romildo, un amico di quattro anni più grande che ha il permesso di frequentare, vanno a Como al compleanno di un'amica. Ottiene così la libera uscita fino alle otto di sera. Romildo ha una Fiat 500 scassata ma lo stilista gli dà i soldi per noleggiare una Mercedes, l'auto più veloce che c'è nell'autonoleggio, e partono verso Torino per raggiungerlo all'Hotel Jolly.

«E la famosa prima volta avviene in una maniera meravigliosa. Ha saputo parlarmi, mettermi a mio agio, avvolgermi di coccole e farmi sentire unica. Perché questa era la sua peculiarità: quando voleva, ti faceva sentire una persona speciale.»

Nicoletta non riesce più a stare troppo tempo senza incontrarlo e si organizza, sempre grazie a Romildo che la accompagna e la va a riprendere, per vederlo a Villa d'Este a Como.

Ben presto capisce che non può andare avanti così. In casa nessuno sa nulla, ma lei ci tiene molto a frequentarlo. Decide allora di parlare con sua madre, le racconta tutto. La reazione della madre non è immediata, è solita incassare e poi tornare in un altro momento. Nicoletta si raccomanda: «Mamma, io vorrei il tuo appoggio per frequentarlo. Se tu mi vuoi aiutare, bene; se non te la senti, io lo capisco, ma al papà vorrei dirlo io».

La sera stessa suo padre torna da un viaggio di lavoro e sua madre gli racconta la confidenza di Nicoletta. «La mattina dopo ho visto che lo sguardo di mio padre non era lo sguardo amorevole di sempre, era pieno di rabbia. Mi disse 'io non permetterò mai che stiate insieme. Non succederà!'»

Il frutto proibito è quello più desiderato. Quell'anno, Nicoletta decide di farsi rimandare in inglese, Orietta fa lo stesso. L'obiettivo è chiaro: partire per l'Inghilterra. Suo padre trova un collegio di suore a Londra. Quello che non sa, è che una volta finito il corso mattutino, durante il pomeriggio, le ragazze possono andare dove vogliono. Basta che il giorno dopo si presentino alle lezioni.

Il fidanzato di Nicoletta alloggia all'Hotel Park Tower. Si vedono tutti i giorni, senza dover render conto a nessuno. Nicoletta non deve più guardare l'orologio, è amore allo stato puro: conoscersi, passeggiare mano nella mano, andare nei ristoranti, in giro per la città. Finalmente liberi. «Ricordo che un sabato che non c'erano le lezioni prendemmo un aereo e andammo a Parigi a vedere la sua casa, nel cuore della metropoli francese. C'erano dei lavori in corso perché lui era vedovo da poco più di due anni e voleva ristrutturare la casa per voltare pagina, ma era un appartamento stupendo.»

La vigilia del suo rientro a Milano, Nicoletta chiama suo padre dal telefono del collegio, decisa a raccontare tutto per prepararlo e dargli il tempo per pensarci. Non può affrontare la questione diversamente, vuole essere leale con i suoi genitori ma vorrebbe che i bei momenti trascorsi in Inghilterra si possano ripetere anche in Italia. Suo padre le risponde solamente: «Va bene, ci vediamo domani».

Rientrata a casa, a Nicoletta sembra di entrare in un congelatore. Suo padre la accoglie dicendole: «Prima mangiamo, poi parliamo». A tavola nessuno fiata o si guarda negli occhi, fissano tutti il piatto. È una cena infinita. Quando finalmente si alzano si trasferiscono in sala; suo padre si sistema su una poltrona, lei su un piccolo sgabello di fronte a lui, e si ritrovano occhi negli occhi. Lui, senza dirle nulla, si alza e le dà il primo schiaffo della sua vita, uno schiaffo che la fa cadere per terra. Poi comincia a inveire contro lo stilista. «Quando avrà avuto da te quello che desidera ti mollerà come uno straccio vecchio, non rappresenti niente per lui. Facciamo una prova, chiamalo adesso, se ti viene a prendere, ti lascio andare.»

Nicoletta chiama il fidanzato che si trova a Firenze e lui le conferma che in tre ore riuscirà a essere lì. Dopo tre ore arriva, suo padre gli intima di andarsene, insultandolo, e lui risponde: «Lo sapevo che sarebbe andata così, ma volevo dimostrare a Nicoletta che ci sono. Non sono parole. Quando lei mi chiamerà, io arriverò sempre». Detto questo, se ne va.

I suoi genitori accompagnano Nicoletta in camera, al primo piano della villa, e chiudono a chiave la porta. Lo stilista gira con la sua Maserati intorno alla casa, suonando il clacson. Ogni volta che passa davanti alla sua finestra, Nicoletta accende e spegne la luce. Vanno avanti fino alle cinque del mattino, poi lui riparte.

In quel momento Nicoletta si fa travolgere dalla follia dell'amore e prende una decisione coraggiosa, convinta di poter conquistare finalmente la libertà. Ha tentato in tutti i modi di dare un senso a questa storia, di viverla come fanno due persone normali che si vogliono fidanzare e conoscere, ma questa possibilità le è stata negata. Capisce che con i suoi genitori non sarebbe mai riuscita ad arrivare a un compromesso. Deve trovare un'altra soluzione.

È luglio. Di lì a pochi giorni, Nicoletta e la sua famiglia partiranno per Sanremo. Prima della partenza riesce ad affidare a Romildo una lunga lettera per lo stilista. Il messaggio è: *non dobbiamo né sentirci né vederci fino al 18 ottobre*. Il 21 compirà diciotto anni.

Passa un'estate tranquilla, i suoi genitori probabilmente credono che la tempesta sia passata. Arrivato il 18 ottobre, con lo stesso stratagemma di sempre, Romildo va a prenderla per andare al cinema, anche quella volta con una bella Mercedes. «Arriviamo a Parigi e Romildo mi guarda negli occhi e mi dice 'hai dimostrato a tutti che non sei una bambina, ora torniamo indietro?' Io lo guardo in faccia e gli dico 'no, andiamo fino in fondo'.»

Trovano la casa dello stilista piena di gente: è in corso una festa per la presentazione del suo campionario. Nicoletta, stanca dal viaggio e in preda a tante emozioni, rimane pietrificata davanti alla porta. Ha anche un po' di paura. «Avevo bisogno del suo abbraccio, di sentirmi accolta, e invece lui dice solo 'è arrivata Nicoletta', e si avvicinano due persone che mi sembrano un po' anziane. Come scoprirò, sono i suoi genitori. Nessuno mi invita a entrare. Lui mi dà un sacchetto con un pigiama, dà a Romildo un mazzo di chiavi e un indirizzo e dice 'adesso prendete un taxi e andate in questa casa, fino a che Nicoletta non compie diciotto anni deve stare nascosta'.»

Il giorno dopo alcuni agenti dell'Interpol si presentano a casa dello stilista. Rovistano dovunque e interrogano tutti. Nicoletta aveva lasciato a un'amica l'incarico di chiamare i suoi genitori e avvisarli che non era stata rapita, ma che si stava semplicemente trasferendo a Parigi.

Alla vigilia del suo diciottesimo compleanno riceve una scatola meravigliosa con un grande fiocco e un messaggio: *Il tuo stilista preferito ha confezionato questo abito per te. Ti verrà a prendere domani sera, poco prima della mezzanotte, per andare a festeggiare.*

Una volta maggiorenne, Nicoletta può vivere la loro passione travolgente alla luce del sole. Finalmente possono amarsi davanti a tutta la polizia di Francia e sposarsi. Imparano a conoscersi. L'amore vince su tutto e lei difende con i denti ciò che ha conquistato.

Provo ammirazione nei confronti di questo amore così vero. L'amore è una droga che ti stordisce, una droga che consiglierei a tutti. È anche una grande esperienza di vita che va vissuta senza troppi ragionamenti, perché se si rimane lucidi ci si perde la sua magia. Quando ho incontrato per la prima volta mia moglie Samar sono rimasto folgorato da quel sorriso pazzesco, dalla sua raffinatezza, dalla sua eleganza, e non ho capito più niente. Nonostante sia stata la persona che mi ha dato più filo da torcere, ho fatto di tutto per averla al mio fianco e ora è l'aria che respiro.

Tra le prime cose che Nicoletta scopre di suo marito è che desidera con tutto il cuore diventare padre. «E io, che sono nata per essere mamma, gli prometto che avremo un bambino al più presto.»

Nicoletta rimane incinta pochi mesi dopo. Il 16 novembre 1976 nasco io, Luca. Lo stilista è Italo Casadei, mio padre.

Non volevo fare lo sceneggiatore, ma se lo avessi scritto prima non sarei riuscito a dare a Nicoletta il valore che lei vuole dalla sua vita oggi. Era importante far arrivare la sua storia, a prescindere dal fatto di essere mia madre: spinta dalla forza dirompente di un amore proibito, si è liberata dall'oppressione di un padre severo, per essere poi sovverchiata da un uomo apparentemente carismatico, forte, ma in realtà molto fragile e schiavo dei suoi demoni. Oggi, all'età di sessantacinque anni, sta trovando l'energia per rinascere e risplendere.

Per ripercorrere assieme a lei i passaggi della sua vita da una giusta distanza, ho voluto rivestire i panni dell'intervistatore. Aver percepito in modalità inedita l'amore che ha provato per mio padre – nonostante gli aspetti negativi del suo carattere, che vi racconterò tra poco – è stato grande motivo di crescita interiore per me.

Un mese prima della mia nascita, Nicoletta riceve per il suo diciannovesimo compleanno una telefonata della madre. Non si erano più sentite da quando era fuggita in Francia. In realtà non aveva più sentito nessuno della famiglia, neanche il padre o il fratello. «Le faccio anche io gli auguri dicendole che tra poco più di un mese sarebbe diventata nonna.» A Italo i genitori di Nicoletta non sono simpatici, non hanno voluto accettarlo e lo hanno anche denunciato.

«Però, quando mi vede così felice, capisce e accetta di accogliergli. Dopotutto sto per partorire la sua creatura. Quando mio padre arriva, scoppiamo subito a piangere. Ci abbracciamo in una stretta che parla da sola. Lui ha fatto fatica a prenderti in braccio, sai? Eri un esserino così piccolo, il suo primo nipote… Aveva paura di farti male. Io ce l'ho sempre davanti agli occhi quella scena, e mi emoziono ancora a parlarne.»

Il mio battesimo è l'occasione per riconciliarsi definitivamente con i suoi genitori. Si ritrovano e, come mai prima di allora, si dimostrano amore sincero, grande nostalgia, tanta voglia di stare insieme. Nicoletta però vivrà sempre tra l'incudine e il martello, fra la sua famiglia d'origine e la famiglia che ha creato con Italo, perché lui e il nonno non si sono mai perdonati. L'hanno amata tanto, tutti e due, ma l'hanno messa al centro delle loro battaglie. «Io sono stata bersagliata da due cecchini che sapevano farsi male, ma che lo facevano tramite me, mai a viso aperto, e ho somatizzato questo dolore.»

Italo è una persona particolare. A Parigi le fa vivere una vita da favola, ma Nicoletta scopre pian piano che stare con lui non è semplice. Le giornate purtroppo sono costellate da momenti bellissimi e da attimi di gelo. «Prima sei la più bella e indispensabile, una persona unica, poi però scatta qualcosa dentro di lui che lo fa diventare aggressivo.»

Una sera escono a cena. Sono in vacanza in Costa Azzurra, al Carlton di Nizza. «Avevamo ospiti i suoi genitori e non potevo muovere nulla, era tutto gestito e organizzato da loro in casa, mi sentivo un po' inutile e a disagio. Non avevo modo di essere me stessa con l'uomo che amavo. Lo avrei voluto coccolare liberamente. Perciò quella sera, a cena, quando lui mi dice 'come stiamo bene noi due', io chiedo 'ma i tuoi genitori, quando torniamo, rimarranno ancora a lungo?' Italo mi colpisce con un forte schiaffo, offeso dalla mia richiesta, e torna a passo spedito all'albergo, si chiude in camera e mi lascia fuori.»

Nicoletta rimane fino alla mattina successiva seduta fuori dalla porta in preda a tante domande senza risposta. I suoi pensieri vanno talmente veloci che si convince persino di averlo meritato quello schiaffo, perché era stata insolente.

I demoni di Italo arrivano da lontano. Sono nati durante la sua infanzia per via di un padre violento che lo picchiava con la fibbia della cintura. E questo è sempre stato il suo modello di riferimento genitoriale. Anche io ne ho prese tantissime. Per farlo smettere, dovevo far finta di svenire. Non avevo armi per combattere contro di lui.

Quando era piccolo, Italo e la famiglia furono costretti a lasciare Cesena, la città di nascita, per motivi politici: il suo papà era stato dichiaratamente fascista e, finita la guerra, i fascisti non erano più benvoluti. Si trasferirono a vivere a Firenze, in un luogo dove il loro passato era sconosciuto a tutti. La mamma di Italo era un'ottima cuoca e aprirono un ristorante con i loro risparmi, però nessuno sapeva gestire l'economia di quel business, e presto il ristorante fallì.

Con solo la terza media, Italo decise di andarsene, di partire con un amico ed entrare a far parte della Legione

Straniera. A Marsiglia firmarono sotto falso nome, e si trasferirono a Sidi Bel Abbès, dove si trovavano tutti i criminali della seconda guerra mondiale. Ci volle poco, però, perché si rendessero conto che quella vita non la reggevano. Una notte decisero di scappare. Durante la fuga il suo amico fu ferito. Italo provò a tornare indietro per salvarlo, ma si rese conto che era morto. Per tutta la vita fu perseguitato dagli incubi. Continuò a rivivere quell'evento fino alla fine dei suoi giorni.

Italo si presentò all'Alitalia di Tunisi senza un soldo. Grazie alla sua bellezza e al suo fascino, la ragazza che gestiva il punto vendita gli diede un biglietto aereo per Roma sulla fiducia. Riuscì a tornare in Italia e poi si trasferì a Parigi. Lì conobbe un giovane, più o meno suo coetaneo, e una ballerina, Étoile dell'Opéra National de Paris, che si esibivano in un numero acrobatico e avevano appena perso il loro terzo elemento. Italo frequentò una scuola circense finché imparò a fare i salti mortali, e poi si presentò dagli impresari di grosse vedette e star di quel momento, per citare un nome quelli di Mireille Mathieu, e con il suo fare un po' sbruffone, di chi non ha paura di nessuno, li impressionò e fu capace di scritturare il trio per un tour in America. Cominciarono da Chicago e guadagnarono talmente tanti soldi che, dopo due anni, la coppia, una volta rientrata a Parigi, si comprò degli appartamenti al Trocadero. Italo Casadei tornò invece con sole dodicimila lire, il resto dei soldi se li era spesi in donne, macchine e al gioco. Io ricordo che mi raccontava di settemila dollari in sette minuti negli anni Cinquanta, quindi aveva guadagnato delle cifre davvero importanti.

Quando conosce mia madre è di nuovo ricco. Ha fatto fortuna in un'insenatura della moda. Oltre a confidarle subito il suo desiderio urgente di paternità, la informa anche della sua passione per il gioco d'azzardo. «Mi aveva promesso che non avrebbe mai messo in pericolo la situazione familiare né lavorativa, ma mi aveva avvertito di non impedirglielo perché tanto avrebbe giocato lo stesso. Era stato a tal punto sincero che mi voleva sempre seduta accanto a lui. Io ero presente mentre giocava somme importanti, non aveva bisogno di nascondere nulla.»

La famiglia intanto si allarga. Nel 1980 nasce mio fratello Luigi, nel 1985 mio fratello Lorenzo.

Durante la nostra infanzia a Parigi, vedevamo nostro padre in smoking con il papillon e mia madre elegantissima uscire in Rolls Royce per andare al casinò. Si andava in vacanza (in elicottero) solo dove ce n'era uno. Ho immagini chiarissime di me con i miei fratelli in piscina all'Hotel Beach di Montecarlo. Mio padre rientrava verso le dieci o undici del mattino, in stile James Bond, dopo aver passato l'intera nottata a giocare. Forse per questo il gioco mi ha sempre affascinato: non lo associavo mai a un pericolo, ma all'eleganza e al carisma di mio padre.

Da ex giocatore so bene che una serata vincente è una serata normale, non ti lascia ricordi. Se vinci non provi quella sensazione, quel dover recuperare, quell'andare a riprenderti i tuoi soldi che invece ti perseguita quando perdi.

Un giorno, al casinò di Deauville in Normandia, Italo sta giocando a *Chemin de fer*, il suo gioco preferito. I giocatori affrontano il banco che però viene rappresentato (a turno) da uno dei giocatori stessi, e il casinò percepisce un 5% sulle somme in palio. Non c'è un orario di chiusura: la partita finisce quando tutti abbandonano il tavolo. Quella sera il tavolo comincia a non essere di livello. Ci sono Italo, che gioca forte, e un paio di altri giocatori, e all'improvviso si siede un francese ubriaco. Inizia a offendere e a infastidire tutti perché ha una fortuna sfacciata. A un certo punto, all'ennesima offesa, Italo prende il tavolo e lo lancia in faccia al tipo molesto, che si rifugia al bar. Italo gli corre dietro e lo prende a calci, a pugni, lo sbatte contro il bancone del bar. «Tutti i cristalli si rompono, sembrava il Far West» mi racconta Nicoletta. «La mattina dopo, un valletto dell'albergo ci recapita una lettera in cui la direzione vieta a Italo Casadei l'ingresso in tutti i casinò del gruppo. È un ospite sgradito. Siamo costretti a fare i bagagli e a tornare a Parigi.»

Questo è solo uno tra i tanti episodi che mio padre ha messo in scena. Nella sua vita è riuscito a perdere più di cinquanta miliardi al gioco. Riesce a mantenere la promessa di non intaccare l'equilibrio familiare fino al 1991, quando comincia a frequentare il casinò di Montecarlo, l'unico che gli permette di raddoppiare il credito e di giocare al di sopra delle sue possibilità. Quel meccanismo è stato la mia rovina. Anche a me, in quanto suo figlio, arriveranno ad aprire un fido in un casinò italiano, dandomi la possibilità di perdere moltissimo.

«Italo era nato povero e quindi per tutta la sua vita ha temuto la povertà, ma sapeva anche che io avevo un padre facoltoso e che i suoi figli non sarebbero mai stati in una situazione economica difficile perché il nonno avrebbe pensato a loro. La sua scuola di pensiero era questa: *Io i miei figli li ho messi al mondo, gli ho dato un'istruzione, gli ho insegnato una buona educazione, li ho fatti viaggiare, non gli ho fatto mancare niente, adesso tocca a loro.*» Mia madre mi spiega che se avesse deciso di andarsene, avrebbe messo in pericolo chiunque avrebbe osato aiutarla. Secondo lei mio padre era uno di quegli uomini che a un certo punto può finire sulla prima pagina del giornale per aver sgozzato moglie e figli. Non avrebbe mai accettato che lei se ne andasse.

Io e i miei fratelli la pensiamo diversamente, ma non si può negare che sia stata una stratega, in senso positivo: mettendoci al mondo aveva fatto una scelta di vita, e si è ritrovata da sola a prendersi la responsabilità di questa decisione. Bisogna dargliene atto e io, come figlio, gliene sarò riconoscente per sempre.

«Sono rimasta e ho continuato a fare figli perché i figli erano le mie creature. Oggi sono la luce dei miei occhi e mi rendono felice. Solo per loro è valsa la pena di vivere nell'ombra, per nessun altro al mondo lo rifarei» confessa.

Lei ha scelto di farci una famiglia e resta con lui fino alla fine. È anziano, malato, soffre di brutte patologie e ha subito tanti interventi. Non lo ama più, ma non lo abbandona. Italo Casadei, per mia madre, si spegne senza saper vivere di quella luce riflessa meravigliosa che danno i successi dei propri figli.

«Il destino è sempre lì che ti aspetta, ti traccia la vita, noi scegliamo solo come affrontarla. Morto Italo, mi ha voluto premiare facendomi incontrare una persona speciale, il mio amato Giorgio. Lui è stato il grande amore della mia vita.»

Nicoletta coniuga al passato perché circa due anni fa il suo compagno è venuto a mancare e per lei è doloroso parlarne. Quando era in vita l'ha fatta sentire una persona libera, serena, capace. Le ha dato fiducia e le ha fatto scoprire che era ora di mettere in pratica tutto quello che aveva imparato con suo marito Italo. L'ha sempre spronata a farlo, perché Nicoletta lo poteva fare, lo doveva fare e ora, per fortuna, lo sta facendo.

Inizialmente ho faticato ad accettare che mia madre fosse più felice nella sua seconda relazione. Nel mio cuore custodivo un amore profondo per mio padre e vederla con un altro uomo è stato complicato, ma poi ha vinto l'amore nei suoi confronti, il rispetto che ho sempre provato per lei: è una donna con una spiccata spiritualità, colta, gentile, generosa e con un modo potente ed egoista di amare.

Amare tanto è meraviglioso ma bisogna essere capaci di non pretendere niente in cambio e di conservare un po' di amore da riversare su se stessi. Nicoletta ha vissuto all'ombra di un padre importante, se ne è liberata per inseguire una passione tossica e un marito ingombrante e, una volta diventata mamma, si è nutrita dell'amore dei suoi figli. Ora ha diritto a vivere finalmente di luce propria. La sua storia ci insegna che non dobbiamo essere mai schiavi del nostro passato. Possiamo cambiare le cose in qualsiasi momento, a qualsiasi età, per vivere un presente migliore portando le nostre esperienze a cospetto del futuro.

Con il cuore, da Nicoletta Amato

Dopo l'intervista con te, ho avuto spunti di profonda riflessione, delle *good vibes* hanno pervaso il mio essere, dandomi energia e consapevolezza. Per prima cosa ho seguito il tuo consiglio e mi sono confrontata e chiarita con Martine, la figlia di primo letto della moglie del papà con cui avevamo percorso un bel pezzo di strada insieme come fossimo due sorelle. Sono andata a Parigi, abbiamo parlato e ci siamo abbracciate. Poi più nulla. Credo proprio che il nostro percorso insieme fosse esaurito quel 14 luglio 1994. Aver chiarito mi ha fatto stare meglio, avevi ragione.

Mentre ero seduta di fronte a te, ho solo messo i miei occhi nei tuoi e ho seguito il flusso delle tue domande, ho risposto sinceramente a tutto, col cuore in mano. Ti ho detto tutta la mia verità. Il tuo sguardo mi accarezzava mentre parlavi, eravamo molto connessi, forse così intensamente non era mai successo. Nel mio racconto sul papà ho detto solo la verità, non gli ho mai mancato di rispetto come forse ti è sembrato. Se così è sembrato, non era mia intenzione. Sinceramente, devo dire che mi aveva un po' infastidito che nelle interviste e nei racconti sulla tua persona non si parlasse d'altro che di lui.

Il mio libro e la nostra intervista sono nati per dire al mondo io esisto, e per dirlo anche a te. Certamente non per protagonismo, ma perché nutro così tanto amore incondizionato per te, che credevo non lo avessi percepito. Nell'intervista a Lorenzo hai speso delle bellissime parole nei miei confronti e te ne sono profondamente grata. Un'altra cosa vorrei dirti: per me era importante raccontarti di me, soffrivo al solo pensiero che tu avessi potuto capirlo troppo tardi e avere, forse, dei sensi di colpa o dei vuoti. Per questo voglio dichiararti quanto ti amo, quanto io sia orgogliosa dell'uomo che sei. La tua anima è luce e chi ti è vicino si illumina: con amore.

«One More Time» per me è un gruppo coeso e proiettato verso il prossimo, che parla il linguaggio dell'amore. Tu sei la locomotiva e conduci verso la serenità. Per me la cosa più importante è che tu sia felice e realizzato. Quando poi ti vedo così proteso verso gli altri, non posso che pensare che tu sia un grande figlio e un grande uomo. Seguo ogni tua intervista con attenzione e cuore, non sono mai giudicante. Allorché ho finito l'ascolto ti comunico le mie sensazioni. Poi, il martedì mi guardo il video. «One More Time» crea dipendenza, attesa... è un appuntamento prezioso. Hai saputo creare un format davvero meraviglioso. Il mio secondo desiderio è sempre stato vedere i miei figli uniti. Lo avete realizzato al meglio. Tanta gratitudine, tanto cuore.

Se dovessi riavvolgere il nastro e ricominciare la mia vita, rifarei tutto, e tu e i tuoi fratelli siete il motivo principale. Sono felice che tu mi abbia scelta come mamma, sapere che rinnoveresti questa scelta mi ha resa immensamente felice. Auspico che le pagine che dobbiamo ancora scrivere nella nostra vita siano sempre pregne del nostro amore, del nostro scambio di emozioni. Di noi, insomma. Perché tu hai sentito il mio cuore battere da dentro e lì ci siete stati solo tu e i tuoi fratelli.

Nicoletta Amato

“NATHALY CALDONAZZO”

Stare nel dolore per conoscersi

Dodici anni fa, ero una persona molto diversa rispetto a oggi. Non avevo una buona corazza, ero molto fragile, soffrivo tanto e per questo ero impulsivo, irascibile, emotivo e sbagliavo sempre la reazione quando avvertivo intorno a me qualcosa o qualcuno che poteva farmi del male.

Una sera, era il 2008, sono andato a cena con un mio amico, Patrik, e l'ho visto raggiante, diverso rispetto al solito. Mi ha raccontato che era tornato da un'esperienza straordinaria. All'inizio era abbastanza avaro di informazioni, ma poi mi ha detto: «Ho appena finito l'Hoffman». Io gli ho chiesto cosa fosse l'Hoffman, e lui ha cominciato a spiegarmi. È un seminario intenso che ti aiuta a guardare chi eri all'inizio della tua vita, come sei diventato e perché oggi sei come sei. Si analizza il passato per occuparsi dell'ora e di conseguenza del futuro. Mi ha detto che c'era una sede in Italia, e ho chiamato senza farmi troppe domande. Era come se fossi già lì. Avevo voglia che cambiasse qualcosa in me, perciò mi sono imbarcato in questo viaggio incredibile di sette giorni. Per certi versi, mi ha cambiato la vita.

Da allora sono molto attratto dalla sofferenza, perché grazie a quel percorso di crescita personale ho capito che vivendola fino in fondo si migliora, ci si conosce e nascono delle opportunità. Troppo spesso siamo degli struzzi con la testa sotto la sabbia. Vado quindi alla ricerca di personaggi che hanno attraversato il dolore o lo stanno attraversando per imparare sempre meglio a gestire il mio.

Una sera, facendo zapping, mi è bastato vedere Nathaly in TV per decidere di volerla intervistare. L'ho vista corazzata, come se dovesse sempre combattere per difendersi, come se non fosse compresa, come se non volesse farsi conoscere. Ho capito che vive pienamente la sofferenza, ho visto le cicatrici, fanno parte di lei, della sua malinconia, del suo dolce sguardo. Vuole essere amata e sa amare appassionatamente, ma ha il mal di vivere da sempre. È la persona giusta per la poltrona di «One More Time».

Nathaly Caldonazzo nasce il 24 maggio 1969 a Roma. Esattamente come ho fatto io nell'intervista sulla mia storia, inizia a raccontare partendo da sua madre e suo padre, come se in questo modo cercassimo entrambi una logica alla nostra nascita. Lei viene concepita in una grotta dell'isola di Giannutri durante una litigata tra i suoi genitori – la loro storia d'amore era ormai conclusa – quando suo padre costringe con violenza sua madre ad avere un rapporto sessuale.

A raccontarglielo è proprio suo madre, appena ritiene Nathaly abbastanza grande per capire, intorno ai sette anni.

E lei avrebbe preferito non averlo mai saputo.

Quando nasce, suo padre non si presenta. Venire al mondo e sapere che nessuno la aspettava, che è stata uno sbaglio, la conseguenza di un raptus, la condizionerà per tutta la vita.

«Per me la famiglia è importante, però rappresenta anche la prima forma di violenza che un essere umano deve subire quando viene al mondo. Si è condizionati da bombardamenti di frustrazioni, di convinzioni, anche di scontri, e si deve cercare di acchiappare la verità delle cose. Delle volte si ha questo senso di impotenza e ci si chiede *perché sono qua? Perché mi ci avete messo? Chi ve l'ha chiesto?*»

Il metodo Hoffman mi ha insegnato che siamo delle spugne, le nostre radici sono figlie dei nostri papà e delle nostre mamme e per poterli perdonare e cambiare certe dinamiche che ci fanno stare male abbiamo bisogno di immedesimarci in quello che hanno vissuto con i loro i genitori, perché magari hanno applicato lo stesso modello su di noi e noi a nostra volta possiamo replicare il loro modello con i nostri figli, oppure decidere di allontanarcene.

Quella di Nathaly è una famiglia tutta al femminile. Ha una sorella più grande di due anni che a differenza sua vede il suo papà come un supereroe. Certo, si rende conto che ogni tanto si alterava e diventava un po' violento, ma non era niente di che, e quando sente Nathaly parlare di lui in altri termini non condivide le sue parole, non è contenta.

Mi è successa esattamente la stessa cosa. Quando, durante la mia intervista del podcast, ho raccontato che ho avuto un padre che mi ha picchiato molto, mio fratello Lorenzo si è infastidito, perché lui ha vissuto un padre completamente diverso. Forse era un figlio meno provocatore rispetto a me, ed è anche il più piccolo di noi tre, e mio padre si era comunque ammorbidito con l'età... Ad ogni modo, ho deciso di intervistarlo nell'ultima puntata della terza stagione. Mio papà non c'è più da vent'anni, e avevo voglia di conoscere un punto di vista diverso da quello di mia madre e dal mio, che continuavamo a mettere l'attenzione solo sui suoi lati negativi. Quando siamo arrabbiati con una persona tendiamo a non vedere più le sue qualità, ci concentriamo su quell'energia molto tossica che intimamente ci distrugge. Per fortuna ho scoperto l'Hoffman. Tramite quel percorso ho capito tante cose di me, della mia storia e di come sono.

Tornando a Nathaly, la sua mamma è bellissima ma molto fragile, ed è cresciuta senza ricevere abbastanza amore. Viene da una famiglia complicata: la madre indonesiana aveva perso suo marito, pilota d'aereo, e si era risposata subito. Delle due figlie non sapeva cosa farsene e perciò le aveva piazzate in una casa famiglia ad Amsterdam. «Mia mamma mi raccontava che con i pattini cercava di raggiungere L'Aia per tornare a casa da sua madre, che però la rimandava via buttandole centesimi dalla finestra. Oppure che una volta la madre aveva provato a lasciarla in un circo dentro a una valigia... era molto contorsionista» racconta Nathaly.

Diventata una BlueBell, una ballerina del Lido di Parigi, a diciassette anni sua madre si ritrovò a Roma con un corpo di ballo. Incontrò questo tipico uomo italiano bellissimo, affascinante, di una simpatia incredibile, capace di vendere il ghiaccio agli eschimesi, e se ne innamorò follemente. Lo vedeva come il suo salvatore, non sapeva che invece le stava per riservare qualcosa di brutto. Per colpa di quell'uomo avrebbe provato più volte a togliersi la vita, in futuro. Ancora oggi ha i polsi pieni di cicatrici.

Fin da piccola Nathaly capisce che sua madre va difesa, vuole prendersi cura di lei, ma non può niente contro una figura così imponente come quella del padre. Lui passa dalla super ricchezza alla miseria e nel frattempo lo arrestano, gli sparano o chissà cos'altro. Ogni tanto, quando Nathaly è bambina, la porta in aeroplano a mangiare da qualche parte, ma lei non fa in tempo ad abituarsi alla sua presenza. Suo padre arriva e sparisce subito dopo.

«Ho letto pochi libri, però sono stati tutti quanti come dei messaggi per me. Uno di questi è il *Codice dell'anima* di James Hillman. Secondo l'autore, un bambino dall'alto decide quale madre e quale padre gli servono per fare un determinato percorso nella vita. È il suo *daimon*. Io ho scelto questi due genitori, non lo so perché. La mia sensazione è che non mi andasse per niente di scendere, ma che sono scesa più che altro per aiutare mia madre.»

Nathaly cresce a Roma Nord in una situazione di precarietà, sempre fuori luogo, perché nonostante la finta ricchezza di suo padre – fatta di aerei privati, Rolls Royce, ecc. – le donne di famiglia sono costrette a rimboccarsi le maniche fin dal primo momento. Sua madre insegna danza, lo fa ancora oggi a ottant'anni, e Nathaly a quindici anni inizia a lavorare nella moda facendo un po' di sfilate e di cataloghi. Poi un giorno accompagna una sua amica a un provino per un film di Neri Parenti, interpretato da Christian De Sica. Il film si chiama *Fratelli d'Italia.* Poco tempo prima ha avuto un incidente bruttissimo, ha la rotula fratturata, è tutta ingessata, ma inaspettatamente scelgono lei. E così per altri film divertenti degli anni Ottanta.

«I soldi sono sempre stati un problema perché io non ce li ho mai avuti, nel senso che l'ho sempre messa tutta per farli, ho sempre fatto da sola, non ho mai chiesto aiuto a nessuno, né a casa né a qualche fidanzato, né al padre di mia figlia. Nonostante i duemila problemi che mi hanno bloccato nella vita diverse volte, mi sono sempre rialzata, sempre con l'affanno e la paura di non farcela.»

Il padre muore a cinquantatré anni di cirrosi epatica. Nathaly ha solo diciannove anni. I medici chiedono alla madre di Nathaly se lo vuole far morire in ospedale o in casa – ormai sono separati e lei ha già una relazione con Dino Risi. Lei decide di accoglierlo e di occuparsene.

Crescere senza la figura del padre, sapendo di essere il frutto di un amore tossico, è abbastanza deleterio per Nathaly e condiziona alcune delle scelte che fa nel corso della vita. C'è sempre qualcosa di irrisolto, è sempre alla ricerca di qualcosa di indefinito. S'imbatte ogni volta nello stesso tipo di uomo, un tipo di uomo non adatto a lei, per poi voler cambiare le carte in tavola.

A diciotto anni è andata a vivere con il suo primo fidanzato, che stava anche con un'altra donna. Un primo amore fortissimo ma allo stesso tempo già molto doloroso. Durerà per sei anni – sarà la sua relazione più lunga – e, dopo alcune storie meno importanti, nel 1992 incontra Massimo Troisi.

Entra in un ristorante nel tardo pomeriggio, la tipica trattoria romana del centro, e lui è seduto con Massimo Lopez e Giovanni Benincasa. La guarda tutto il tempo, mentre Nathaly non fa caso a lui. In quel periodo è fidanzata con un altro ragazzo, per mettersi con lui ha fatto anche un casino, dato che l'ha rubato alla migliore amica.

Dopo quella sera Massimo si fissa. La cerca come un matto, dappertutto. Chiede al padrone del ristorante come si chiama, ma Nathaly all'epoca è nell'annuario degli attori col cognome di sua mamma, Snell, quindi non la trova. Finché il suo migliore amico, Massimo Bonetti, si fidanza con la parrucchiera della sorella di Nathaly. Dopo una settimana, Massimo telefona a Nathaly e le chiede di andare a prendere un caffè a casa sua. Lei non ha mai frequentato persone dello spettacolo, vive serena la sua vita incasinata ma semplicissima, però Massimo insiste con la sua simpatia, con il suo modo di fare, e alla fine cede. Ci va controvoglia, non le piace e poi ha un po' di timore: lui è più grande di diciassette anni.

La cosa che la colpisce non appena le apre la porta sono le spalle larghissime. Indossa un jeans e una maglietta bianca, i capelli tirati un po' indietro, e per la prima volta Nathaly lo vede figo.

La loro storia d'amore non inizia bene. Massimo ha un debole per le belle donne, e poco tempo dopo Nathaly scopre che è stato con un'altra mentre stava già con lei. Non lo vuole più vedere.

Lui insiste talmente tanto perché lei lo perdoni che alla fine Nathaly lo fa.

La prima estate in Sardegna, in mezzo a tanti altri personaggi famosi, in una casa piena di gente, litigano spesso perché sono entrambi molto gelosi, lui più di lei. Ma non appena si staccano dal gruppo e vanno in Provenza, scoppia una passione travolgente, e si innamorano.

Tornati dalle vacanze, Nathaly smette di lavorare perché Massimo glielo chiede. «Basta uno in casa che fa questo mestiere» le dice. Al momento del loro primo incontro, lui aveva appena letto *Il postino* di Neruda. È la prima cosa che le ha regalato per chiederle consiglio sulla possibilità di farci un film. Nathaly conserva gelosamente ancora oggi quella copia del libro: è consumata dalle mille volte che l'ha sfogliata per rileggere la dedica di Massimo.

Un giorno, è un po' di tempo che stanno insieme, rientrano a casa dopo essere stati a cena fuori e trovano delle torte in cucina. Nathaly fa per mangiarne una fetta, ma Massimo la blocca dicendole: «Dai, amo', non mangiarle» e le fa un gesto come per dire che è un po' pienotta. Scherza, in realtà. Dimentica la battuta un minuto dopo averla fatta, non c'è nessuna malignità. Eppure Nathaly viene colpita nel profondo. A causa delle sue insicurezze lo prende sul serio e si convince che per lui non va bene così com'è. «Vivendo insieme ogni tanto andavo a vederlo lavorare nel suo studio e, sbirciando un po' le foto del passato, vedevo Clarissa Burt, le sue gambe come due stuzzichini, e pensavo, *Vedi, a lui allora gli piacciono queste donne qui, così magre.*»

A volte viviamo con addosso una perenne sensazione di inadeguatezza, la convinzione di non essere all'altezza della situazione, e qualsiasi feedback ci arrivi dall'esterno lo percepiamo come qualcosa di negativo. Il metodo Hoffman mi ha insegnato che il nostro vero io è nascosto dai tanti giudizi che abbiamo su noi stessi, eppure nessuno di essi corrisponde davvero alla realtà. Conoscere meglio questi pensieri che ci bloccano e ci frustrano, guardarci con occhi diversi, ci può permettere di superare la sfiducia in noi stessi e apprezzare il nostro valore. Renderci conto di uno sbaglio, di una nostra debolezza o di un nostro limite è il primo passo verso il cambiamento.

«Neruda diceva 'noi siamo come dei prigionieri con la porta aperta', per dire che un pensiero fisso, un pensiero brutto è proprio una forma di prigionia» mi dice Nathaly.

Lei comincia a dimagrire, dimagrire, dimagrire. Fino a diventare anoressica. In un anno perde 20 kg. Per lei sono tantissimi. Vogliono un figlio e, quando non le viene il ciclo, sono convinti di esserci finalmente riusciti. Nathaly fa le analisi, ma non è incinta, è l'amenorrea.

Intanto, Massimo ha deciso di realizzare il film tratto da *Il Postino* e prende Michael Radford, il regista di *Another Time, Another Place*, perché il suo più grande pentimento è di non aver voluto fare quel film. Appena tornati a Roma dal Costa Rica, Massimo dice a Nathaly che devono andare a Los Angeles a parlare con Radford e da lì passare per un controllo medico a Houston. In America c'è il professore che l'aveva operato vent'anni prima, quando a diciotto anni, mentre giocava a pallone, gli si era fermato il cuore per un reumatismo.

A Houston, in un immenso ospedale, gli fanno un cateterismo, inseriscono una sonda per vedere le reazioni del suo cuore. Finito l'esame, il professore spiega che Massimo ha l'organo di un settantenne. Il suo cuore è pieno di cicatrici. La valvola si è slabbrata, ed è necessario intervenire con urgenza. Programmano l'operazione per l'indomani.

Massimo quella notte vuole che Nathaly resti a dormire con lui in ospedale. «Sembrava proprio Pulcinella, con quel pigiama bianco nel suo letto pieno di cose, e mi disse 'amo', c'ho paura. Dormiamo insieme abbracciati'» ricorda lei con gli occhi lucidi.

Il giorno dopo lo accompagna fino all'entrata della sala operatoria, è agitatissima e lui, prima di salutarla, forse prevedendo il modo in cui Nathaly trascorrerà il tempo dell'attesa, le dice «non fumare, non fumare tanto, amore.» Completamente in preda all'ansia lei aspetta quattro ore fuori, da sola. Quando la chiamano in camera intensiva si accorge subito che qualcosa non va: l'apparecchio comincia a fare rumori strani, gli cambiano le buste di plasma in continuazione. L'operazione infatti è andata malissimo. Anziché migliorare del 70%, come aveva pronosticato il medico, le sue condizioni sono peggiorate. Sotto i ferri Massimo ha avuto un infarto. Nathaly ha solo ventiquattro anni; emotivamente, a quell'età, è difficile affrontare una situazione del genere e riuscire a dare coraggio a una persona che sta così male. I dottori tra l'altro le dicono che in qualche modo bisogna comunicare a Massimo l'esito dell'intervento e lei sente un peso enorme sulle spalle. «Entro in camera, lo vedo con il suo sorriso e il suo pigiamino, e mi chiede 'allora che hanno detto? Tutto bene?' e non riesco, mi ficco le unghie nei palmi per non piangere, perché mi fa una pena incredibile. Poi, quando non ce la faccio più, dico 'vengo subito', scendo le scale e piango, perché è una cosa troppo dolorosa, non posso affrontarla da sola.»

Il programma iniziale era di stare solo una settimana a Houston, invece si trattengono un mese e mezzo, chiusi in quell'ospedale. Tornano in Italia che lei pesa 49 kg e lui 56. L'unica speranza è un trapianto, ma Massimo non può farlo subito, è trascorso troppo poco tempo dall'operazione a cuore aperto. E poi vuole fare il film con il suo cuore. Forse non capisce bene il suo quadro clinico, ma è convinto che dopo il trapianto non sarà in grado di recitare e la sua priorità è il lavoro.

Al rientro a Roma la casa è invasa da parenti e amici. Un caro amico cardiologo, che gli sarà vicino fino alla fine, racconta a Massimo il suo reale stato di salute e gli fa capire che c'è bisogno urgentemente del trapianto. Piano piano, nella sua testa, Massimo si convince di doverlo fare al più presto.

Alla festa di compleanno di Nathaly, il 24 maggio, Massimo è ormai molto malato. Si vede proprio: ha il viso scavato, la morte in faccia. Lei non si rende conto, forse non vuole rendersene conto, lo ha tutti i giorni sotto gli occhi e le sembra normale, però nota che le altre persone quando arrivano, vedendolo, si impressionano. Durante il taglio della torta lui si alza in piedi a gran fatica per stringerla e baciarla, gli altri si mettono a piangere di nascosto. È chiaro a tutti che il suo è un addio.

Arriva giugno. Nathaly e Massimo sono pronti ad andare a Londra per il trapianto, aspettano solo che lui finisca il film, mancano giusto due giorni. «Lo realizzò cambiando sceneggiatura: alla fine, a differenza che nel romanzo, fa morire il protagonista.» Massimo si è trasferito a Ostia da una delle sorelle, per essere più vicino a Cinecittà, e Nathaly si assenta per un piccolo intervento fuori Roma. Rientrando con il treno, poco prima di arrivare in città, verso mezzogiorno e mezza, lo chiama per telefono. Risponde la sorella e le dice che Massimo sta dormendo ma che va a riferirglielo perché si era raccomandato di avvisarlo se avesse chiamato. La sente pronunciare il suo nome diverse volte, ma Massimo non si sveglia. Allora Nathaly le dice: «Vabbè Patrizia, dai. Sto arrivando, fallo dormire». Appena riattacca, la sorella si rende conto che Massimo è morto. In un attimo la notizia rimbomba a livello mediatico. Tutti sanno, tranne Nathaly. Arrivata a casa dalla stazione, lei trova la segreteria telefonica impazzita. Però non risponde a nessuno, ha fretta di andare da lui.

«Mi ricordo ancora che ero in cucina e, a un certo punto, squilla il telefono e in segreteria parte la voce di mia madre. Mi era venuta a prendere in stazione e mi aveva appena lasciato a casa. Mi dice 'Rispondi, è urgente, rispondi'. Alzo il telefono e quando capisce che non so nulla dice 'adesso devi essere forte, Massimo è morto'.»

Nathaly lascia cadere la cornetta a terra, la cucina intorno a lei comincia a girare, la casa si riempie di gente, piano piano un turbinio di persone la porta via da là per condurla da Massimo. «L'ho trovato morto nel letto, con i pugni chiusi, congelato, tutto viola. Sono riuscita a mettergli dentro la mano una lettera che avevo scritto andando a Ostia. Almeno si è tenuto qualcosa di mio.»

Nathaly le sue sofferenze preferisce viverle da sola. Pensa che la gente non sia interessata a lei. Anche questo fa parte del bagaglio di insicurezze che si porta dietro da sempre. «Sono veramente poche le persone che ti vogliono bene davvero.» Il lutto per Massimo la fa regredire, torna proprio bambina e si aggrappa per la prima volta a sua madre, dopo essere stata lei per tanto tempo a sostenerla. «Ho sentito la vitalità della mia mamma finalmente prendermi la mano e accompagnarmi.»

Non è vero che il tempo guarisce tutto, certi dispiaceri restano lì nel profondo del nostro cuore, ma dobbiamo trovare il coraggio di attraversarli, senza scappare. Di fronte a un grande dolore siamo portati a negarlo, ma è importante dargli un significato, elaborarlo e trasformarlo perché dietro di esso abbiamo la possibilità di trovare il nostro io più profondo.

Nathaly trova questa forza e a poco a poco riprende a lavorare. Fino a che, nel 1997, entra a far parte della grande famiglia del Bagaglino, una compagnia di varietà romana di grande successo, e sperimenta un boom di popolarità. «La reputo un po' la mia università: avere avuto a che fare subito con grandi comici, carpire, imparare, è stata una grande formazione.»

Nel 2004, dopo diverse altre storie d'amore, mentre sta andando via dalla festa dei quarant'anni di un tizio a cui non sa neanche perché aveva deciso di partecipare, conosce un ragazzo che le ruba un bacio. Sembra un appuntamento con il destino. Riccardo le sta simpatico ma non vede un futuro insieme. Da quel giorno comunque non la lascia in pace. «Tornando al libro di Hillman, era proprio mia figlia che dall'alto ci ha manovrato, io sono convinta di questo, perché è successo un po' tutto contro la mia volontà.» Nathaly rimane incinta ma la loro relazione non funziona da subito. Già durante la gravidanza si lasciano più volte.

Come non c'è una scuola che ti insegni a gestire il successo, non ce n'è nemmeno una che ti insegni a fare il genitore. Diverse volte Nathaly vive momenti di poca chiarezza nel rapporto con sua figlia durante la sua crescita. «Mi sono sempre sentita di averla messa al mondo senza il suo consenso. Quando ero piccola avevo odiato certe dinamiche, perciò ora mi mettevo nei suoi panni e dicevo 'Dio mio, non riesco a fare la madre, non riesco a imporle le cose'. Cercavo di prenderla veramente con tanto amore e tanta dolcezza, questa bambina, soprattutto perché non c'ero mai, dovevo sempre lavorare.»

È un amore troppo viscerale, ma sua figlia, verso i tredici anni, entra in una fase di ribellione: dice bugie e frequenta amiche che Nathaly non riesce a inquadrare. Nathaly si sente impotente, la vede rapita da questa nuova dimensione, capisce che vuole staccarsi da lei. Capisce anche di essere una mamma ingombrante, la mamma di spettacolo, la mamma che compare su internet con qualche foto estiva, paparazzata con un seno di fuori. Si sente anche giudicata, così la sua insicurezza fa nuovamente capolino, e si convince che sua figlia avrebbe voluto un altro tipo di madre. Per fortuna è solo una fase, all'età di diciassette anni e mezzo sua figlia si riavvicina. Adesso sono veramente unite, anche se devono combattere con due caratteri complicati. Ha iniziato l'università, studia, si impegna. E Nathaly è molto orgogliosa di lei. «Da poco mi ha proprio detto 'mamma, io certe volte mi metto nei tuoi panni, ma come hai fatto a superare tutto da sola?' Vuol dire che c'è un pensiero per me, che mi riconosce un animo forte. Questo mi riempie di gioia.»

Nathaly ha avuto diverse storie d'amore, ha amato tanto, ha vissuto molti momenti belli, ma le sue relazioni sembrano essere tutte finite in modo turbolento. Si è trovata a essere attratta sempre dallo stesso tipo di uomo, come se fosse destinata a soffrire, come se non potesse farne a meno. Vola, Nathaly, ma poi è come se qualcuno la riportasse sempre giù.

Quando soffro, non attribuisco mai le colpe di quella sofferenza. Piuttosto, cerco di capire se quel dispiacere assomiglia a un altro che ho già vissuto, di trovare la madre di quella sensazione, per scoprire cosa faccio io per far sì che mi succeda sempre quella stessa cosa, cosa potrei cambiare di me. Perché nessuno ci dice veramente chi siamo, se non nelle litigate, ma in quei casi non dobbiamo credere troppo alle parole che ascoltiamo perché sono sempre dettate dalla rabbia. Mi capita allora di chiedere alle persone care di dirmi i miei difetti. So che è imbarazzante, però per me è prezioso, non mi offendo per quello che mi dicono. Anzi. Mi nutro di quell'informazione per migliorare. È troppo importante capire chi siamo.

Nathaly non riesce a prendere questa vita seriamente e senza troppi ragionamenti si butta a capofitto nelle storie, senza farsi molte domande. «Mi vedo un po' come *Alice nel Paese delle meraviglie* che capita per caso in situazioni con personaggi folli, dal Cappellaio Matto al Bianconiglio. Mi butto nelle avventure più disparate, senza salvagente, senza sapere come andrà a finire.»

Quello che sogna da sempre, lei che odia la solitudine, è di trovare un uomo con cui poter fare tutto insieme. Nelle relazioni vuole essere un tutt'uno, squagliarsi, essere una persona sola, affrontare ogni cosa mano nella mano. Non ha mai vissuto la magia di una famiglia unita dove trovare riparo, comprensione e amore, né da bambina, né nella sua vita adulta. Vorrebbe vivere una favola, realizzare qualcosa di grande per il suo futuro e per quello di sua figlia.

Sarei molto contento se Nathaly trovasse il suo centro, ho sentito che lo desidera profondamente ed è piena d'amore, lo percepisco con forza. Spero che nei prossimi anni possa trovare ciò che sogna. E auguro a tutti di intraprendere un viaggio alla scoperta di se stessi: può essere anche un'esperienza dolorosa, ma non c'è altra strada possibile per raggiungere la felicità.

Con il cuore, da Nathaly Caldonazzo

Incontrare Luca è stata una bellissima esperienza. Lo conoscevo solo dal video, ma ero già innamorata dell'uomo che è.

Non puoi non esserlo, ha tutto quello che una donna possa desiderare: fascino, eleganza, intelligenza e una grandissima empatia verso chi gli sta davanti.

Aprirsi e tirare fuori tutto il mio mondo è stato facile grazie a lui e alla sua grande sensibilità. Avrei voluto essere più forte, più figa, raccontargli gesta eroiche, quelle che ho fatto... Ma davanti a lui mi sono sentita come una bimba presa per mano e portata dentro il viaggio della sua vita.

Ne esci diversa quando parli con chi riesce ad ascoltarti anche con il cuore. Ho parlato di alcune cose che poi non sono andate a buon fine, come il rapporto d'amore che stavo vivendo allora e un progetto lavorativo. Il mio sogno americano c'è sempre ma lo sto realizzando da sola. La gente mi ha amato di più e ha capito che sotto una scorza un po' dura c'è un mondo di esperienze troppo dure per un solo corpicino come il mio. Mi hanno apprezzata e detto cose bellissime.

Grazie, Luca, rimani sempre così... un faro per noi anime inquiete!

Nathaly Caldonazzo

“ GIUSEPPE CAPROTTI ”

Il perdono è un dono per se stessi

Conosco mio cugino Stefano Bertini, figlio della sorella di mio padre, grazie al podcast. È dieci anni più grande di me e si occupa di *Reverse aging*: sarebbe il processo di ringiovanire invecchiando, dare più vita agli anni, non solo rallentando il processo di aging ma invertendolo, e controllare il nostro organismo per migliorarne il funzionamento. Un giorno Stefano si ritrova a guardare un'intervista su YouTube di una donna, Nicoletta Amato. L'intervistatore sono io e lei, come sapete, è mia madre. Ma Stefano non capisce né che lei è sua zia né che io sono suo cugino. Almeno fino a che non nominiamo mio padre, Italo Casadei. A quel punto mi scrive sui social e ci incontriamo. Ed è stato bellissimo. Durante le nostre chiacchierate scopriamo che ci accomuna una cosa: lui ha lavorato con Silvio Berlusconi tantissimi anni fa, nel periodo della fondazione di Forza Italia, mentre io sono un appassionato del suo percorso, non della sua vita politica, ma della sua esperienza imprenditoriale. Ho letto tutto quello che c'era da leggere su di lui e con Stefano ci troviamo a parlarne spesso. Mi racconta il dietro le quinte che ha vissuto e condivide con me alcuni video di YouTube. Quando gli racconto che il mio più grande rimpianto è non averlo potuto intervistare per «One More Time», lui mi dice: «Luca, ce l'ho io la persona giusta per te, la storia di tuo padre non è niente a confronto della sua». Gli chiedo dettagli, ma lui mi risponde solo: «Non te lo dico, ci vediamo domani, ti porto una cosa».

Il giorno dopo mi consegna il libro *Le ossa dei Caprotti* di Giuseppe Caprotti, figlio del fondatore di Esselunga. Lo leggo in un weekend e resto affascinato: è una narrazione emozionante, caratterizzata da grandi incomprensioni familiari e tante sofferenze ormai pubbliche, e per questo forse ancora più dolorose. Nella conferenza stampa di presentazione l'autore la definisce *non una storia di vittoria, ma quella di un fallimento*.

Quando Giuseppe accetta l'invito a essere intervistato sono lusingato. Mi trovo di fronte un uomo timido, riservato e molto fragile. Non cambio il tenore delle mie domande, ma la tonalità con cui le pongo, forse per proteggerlo, per far sì che lui si senta sereno, guidato, mai attaccato o provocato.

Giuseppe Caprotti nasce il 15 dicembre 1960 a Milano, ma cresce ad Albiate in Brianza con i genitori, papà Bernardo e mamma Giorgina, la sorella più piccola Violetta, nonna Marianne, che funge da capofamiglia, poi zio Guido e zia Lu Austoni e le amate cugine Benedetta ed Elisabetta.

«Ho vissuto degli anni felici in campagna, fuori da Milano, eravamo tutta la famiglia nella stessa casa, che è la casa dove abito oggi. Ho riprodotto lo stesso modello, ma al posto delle persone oggi attorno ho cinque cani e tre gatti.»

La casa è uno dei protagonisti del suo libro. È appartenuta ai tesorieri del Duca di Milano, gli Airoldi, degli uomini potentissimi che avevano rapporti con papi e re, e con l'imperatore. «Uno fu addirittura consulente del re di Spagna, una specie di Tremonti *ante litteram.*» A un certo punto si fecero donare la reliquia di un santo, San Valerio, un grande simbolo politico e di potere, visto che un tempo si donava l'osso o una piccola particella del corpo, mentre a loro hanno dato l'intera salma.

È il nonno, suo omonimo, detto Peppino, marito di nonna Marianne, che nel Dopoguerra crea la grande fortuna della famiglia Caprotti. Lo fa operando in tutt'altro settore, quello del tessile, anche grazie ai fondi del Piano Marshall. «Era uno che si è dato da fare in modo intelligente. Aveva fatto degli investimenti con gli utili della manifattura, e questo aveva permesso di investire poi in Esselunga, perché le azioni Pirelli che aveva comprato erano andate benissimo. Ha anche inventato il primo pallone da calcio in caucciù. Era uno abbastanza geniale. Un grande uomo.»

Negli anni Trenta Nelson Rockefeller, un personaggio atipico e visionario, va in Venezuela, dove la sua famiglia aveva delle proprietà, delle aziende che estraevano il petrolio, e rimane così colpito dalle condizioni di malnutrizione degli operai da pensare di dover migliorare la loro qualità di vita. Già all'epoca parla di *responsabilità sociale*. Decide così di entrare nel settore dell'agricoltura: vuole investire e abbassare i prezzi per il popolo. Negli anni Quaranta fonda la prima azienda di distribuzione, un'azienda di supermercati, anch'essa in Venezuela. Subito dopo la guerra crea l'International basic economy corporation (Ibec), una finanziaria che si occupava di allocare capitali in Paesi in via di sviluppo con l'intento di conciliare il capitalismo con la filantropia tramite la creazione di lavoro e di condizioni economico-sociali favorevoli per le popolazioni interessate.

Nel 1955, il presidente dell'American chamber of commerce in Italia, un ex colonnello dell'Office of Strategic Services (quella che poi diventerà la CIA), James Hugh Angleton, incontra Marco Brunelli per capire quali possano essere i soci politicamente affidabili da associare in un'impresa che Rockfeller aveva intenzione di lanciare in Italia. Nel 1957 viene infatti fondata la Supermarkets Italiani. Il 51% fa capo alla Ibec, mentre gli altri azionisti di minoranza italiani, oltre a Brunelli, sono Mario e Vittorio Crespi – che all'epoca non solo erano a capo di un conglomerato importante che andava dall'industria all'agricoltura, ma possedevano anche «Il Corriere della Sera» – e altri. «Brunelli, che era amico di mio zio Guido, gli dice 'perché non entrate anche voi?' E così anche per lui e mio padre ha inizio l'avventura Esselunga.»

Quando gli americani decidono di lasciare il Paese, entrano prepotentemente in azienda anche la nonna Marianne e l'altro fratello più piccolo, Claudio. Tutta la famiglia si trasferisce in uno stabile precedentemente acquistato dal nonno in via Del Lauro: la nonna al primo piano, loro al secondo e lo zio Guido con le figlie al terzo. Lo zio Claudio, invece, sta a Firenze, a capo della filiale fiorentina di Esselunga, fondata nel 1961.

La ricostruzione storica di Esselunga appassiona Giuseppe, ma ciò che mi interessa di più, anche dal punto di vista della mia crescita personale, è affrontare il rapporto con suo padre. Durante la fase di preparazione dell'intervista, infatti, avevo notato, guardando il video della conferenza stampa di presentazione del suo libro, che ogniqualvolta cercava di parlare positivamente di suo padre era costretto a fermarsi a causa del pianto. Anche durante il nostro incontro si emoziona e mi appare completamente disarmato, ma non abbiamo fretta, può prendersi il tempo che gli serve.

Nonostante tutto quello che racconteremo, Giuseppe riesce ad avere qualche bella parola per suo padre e a rievocare qualche ricordo piacevole. Ne sono felice. «Per me è stato una persona di grandissimo charme, simpatica e molto divertente. Tornava a casa tutti i giorni a mezzogiorno, perché all'epoca non c'era il traffico che c'è oggi, e ci faceva provare prodotti in continuazione. Se io sono un esperto alimentare è grazie a lui, perché si passava dalla carne di tutti i tipi alla pasta, fino ad arrivare a prodotti più strani. C'è stato il periodo in cui si mangiava solo cotognata, al punto che dicevamo 'papà, per favore, basta. Non se ne può più!'»

Giuseppe fa le elementari e le medie a Milano, prima in via della Spiga e poi al Leone XIII. Quando arriva la prima liceo, subito dopo un tentativo di rapimento fortunatamente sventato, viene mandato in collegio. A metà degli anni Settanta c'è molta tensione riguardo ai sequestri di persona. «Sono a scuola, mi ricordo che il preside si presenta in classe e dice 'Caprotti, hanno chiamato da casa e dovresti uscire prima', io rispondo 'non mi risulta', così non esco e tutto si risolve.»

Resta in collegio in Svizzera, tra Losanna e Ginevra, fino al *Baccalauréat* scientifico, la maturità francese. Già a quei tempi non ha più un ottimo rapporto con suo padre. Le cose si sono fatte complicate, dense, intense, burrascose. Andare via è la sua salvezza. Fa sport, impara le lingue e ha rapporti con compagni che arrivano da tutto il mondo. È la sua opportunità di germogliare fuori dal perimetro di casa. Torna in famiglia a Natale e ogni tre mesi. Durante queste visite suo padre costringe tutti a sentire i discorsi di Mussolini, e non perché sia fascista, solo come provocazione. Forse sente che Giuseppe non è in sintonia con lui e vuole capire fin dove si spingerà nella discussione.

Finita la scuola, Giuseppe passa l'estate in Brasile. Lo ospita un suo compagno del collegio e lavora da Carrefour. «All'epoca non avevo le idee chiare su quello che volevo fare nella vita, come capita spesso ai giovani. Francesco De Marchi, allora a capo della Carrefour Brasile, un amico di famiglia, mi ha offerto questa possibilità e io l'ho colta.

Mi ha permesso di capire che valeva la pena continuare a studiare perché si trattava di un lavoro durissimo.»

Giuseppe si laurea in Storia alla Sorbona con il massimo dei voti, ma il rientro in Italia è davvero complicato. Sua sorella Violetta, dopo una laurea in Economia voluta da suo padre, una tesi con Jody Vender e un anno di lavoro per Euromobiliare, entra in Esselunga. Giuseppe la segue ma non ha idea di cosa vuole fare e suo padre, che fa di tutto per prenderlo a lavorare con lui, non è proprio la persona giusta per fare training in azienda. Tra loro non c'è dialogo. «È stato un anno e mezzo interessante, ma non proprio formativo. Mio padre non era in grado ed è arrivato questo amico americano, un amico di entrambi, che è mancato da tanti anni, un personaggio incredibile che si chiamava Charles Fitzmorris, che gli ha detto 'Bernardo, cosa cavolo sta a fare qui Giuseppe? Lo porto con me negli Stati Uniti a lavorare'.»

A Chicago Giuseppe trova la sua dimensione. Finisce in un reparto di vendita come commesso, fa la gavetta: rifornisce scaffali, compila inventari, ma si sente libero dai condizionamenti familiari. «Non c'era nessuno che ogni giorno venisse a dirmi 'hai la cravatta storta' o 'perché non hai fatto questo?' e quindi, con tutta calma, ho avuto il piacere di capire quello che c'era in America e che invece mancava all'Esselunga.»

Assorbe da una cultura più grande della nostra tutto quello che riesce, dall'inserimento delle carte fedeltà, che parte proprio in quel momento negli Stati Uniti, ai loro sistemi gestionali, completamente diversi e all'avanguardia rispetto a quelli italiani. Scopre un sistema di gestione industriale del business che in Esselunga non hanno, assiste alla nascita dei primi Superstore, negozi molto grandi, di solito fuori città, dove c'è dentro di tutto, che sono ancora oggi il format imperante di Esselunga. «E siccome mio padre faceva dei supermercati sempre più grandi e non riusciva a riempirli, per sua stessa ammissione, trovavo i servizi e i prodotti che si potessero inserire e adattare alla realtà di Esselunga.»

Giuseppe torna dall'America due anni dopo. Lo fa per amore dell'Esselunga. In fin dei conti, la vera protagonista di questa saga familiare è lei. «I due personaggi principali siamo mio padre e io, però la donna contesa in tutta questa storia è l'azienda.»

All'età di ventinove anni, entra nella filiale fiorentina come buyer, il responsabile degli acquisti, e ci sta un anno e mezzo. Non è ancora dirigente. Quello in via di Novoli a Firenze è il primo Superstore di Esselunga ed è quello su cui stava lavorando da Chicago con un team di persone, provenienti anche dalla Toscana, incaricato di portare le novità americane in Italia. Da quel laboratorio sperimentale arrivano due cose abbastanza rivoluzionarie per l'epoca: la frutta sfusa, la possibilità cioè di comprare solo una mela o solo una pera, e il *non food*, ovvero tutto ciò che non è commestibile. Quest'ultima categoria di prodotti ha un'altissima marginalità, e infatti arriverà a fruttare un terzo dell'utile.

È con l'entrata di Giuseppe in azienda che i rapporti con suo padre, già in bilico, si deteriorano inevitabilmente. Giuseppe apporta alcuni cambiamenti e certe volte è costretto a farlo di nascosto dal padre. Nel 2001 lancia ad esempio i prodotti equo-solidali, ottenuti da pratiche commerciali etiche e sostenibili. Sono i primi in Italia a farlo, ben prima della Coop. Un giorno dello stesso anno, guardando il Tg1, il patron Bernardo scopre che è stata organizzata una sfilata di Etro all'Esselunga di via Washington. Si tratta di un evento piuttosto innovativo: una spesa al servizio della moda e del biologico. La copierà anche lo stilista e fotografo Karl Lagerfeld, ma la realizzerà diversamente e molti anni dopo. Quando Bernardo scopre dell'iniziativa non protesta troppo. È un uomo razionale, si rende conto che è tutta pubblicità positiva per la sua azienda, perciò lascia correre. «Abbaiava tanto ma non mordeva, un brontolio sommesso su tante cose, poi però si andava avanti.»

Tra le tante cose geniali che Giuseppe e sua sorella Violetta fanno in Esselunga, ci sono le pubblicità. Due campagne in particolare. La prima si chiama *Da noi la qualità è qualcosa di speciale*. Il punto debole di suo padre è che crea la qualità, ma non è capace di comunicarla. Continua a pensare esclusivamente ai prezzi. Violetta scompagina tutto. È convinta che Esselunga debba trovare un filone comunicativo capace di valorizzare davvero i prodotti aziendali. Affida l'incarico all'agenzia Armando Testa, che presenta dei manifesti a sfondo bianco, con della frutta e della verdura sospese: i primi due soggetti sono *Scienziato o cipolla?* e *Delfini o banane?*

Succede un finimondo. Siamo nel 1995. La campagna è un successo strepitoso. Gliela chiedono tutti, chiunque la vuole avere, ma suo padre fa fatica a riconoscere i loro meriti. È come se fosse geloso dei figli.

Dopo aver lavorato dieci anni in azienda, Violetta se ne va. A quattro o cinque anni dalla prima campagna, l'agenzia Testa, con un altro team creativo, propone *Famosi per la qualità*. Ci sono John Lemon, Piero della Franpesca e tanti altri: sono immagini di caffè, frutta, verdura, uova ritratti come delle celebrità, storpiando i nomi e le caratteristiche fisiche di superstar, artisti storici e riferimenti culturali vari.

Purtroppo, tra padre e figlio il rapporto continua a essere complicato. Se le cose vanno bene, Bernardo non ne parla per niente; lo fa solo se c'è motivo di rimprovero. «Questo è stato il grande rammarico, perché io avrei tanto voluto che qualcuno mi dicesse 'questo non va bene' ma anche 'questo va bene', qualcuno che mi desse un minimo di soddisfazione. Ma è successo solo in rari casi.» Uno di questi è quando Giuseppe decide di denunciare all'antitrust la Coca-Cola. I Caprotti finiscono sulla prima pagina del «Wall Street Journal». Il titolo è: *La piccola azienda italiana contro il colosso di Atlanta.* Suo padre ne è molto felice.

Credo che non riconoscere i meriti sia tipico di chi si è fatto da solo. La paura, forse, è che se si dà valore agli altri potrebbe non rimanerne più per sé. C'è la paura di perdere credibilità, di perdere tutto.

Anche mio padre non mi ha mai detto bravo, o ti voglio bene. Credo mi abbia amato profondamente, ma è un amore che ho sempre dovuto interpretare. Non è mai stato un sentimento esplicito. Troppe volte ho sentito mia madre parlarmi della parte negativa di quella relazione, e anche io sono stato il primo a enfatizzare solo le sue colpe. Le mie azioni, quando era in vita, erano sempre provocatorie, lui reagiva in maniera turbolenta e intensa. Non sono mai riuscito ad avere un rapporto sereno con lui. Credo di averlo conosciuto molto anche attraverso i racconti di mia madre, e di esserne stato condizionato. Per fortuna con il tempo ho capito che mio padre era anche una persona con tante qualità: un creativo, una persona bella, generosa, intraprendente. Oggi lo stimo tantissimo e mi manca. Qualche tempo fa avrei fatto molta fatica a dirlo: avevo tantissima rabbia, un sentimento terrificante, non ero mai libero.

Nel periodo a cavallo tra il 2000 e il 2001 Giuseppe riesce a crescere in azienda. Prende posizione e raggiunge l'apice della stima professionale del padre. E lui vola, ha la pelle d'oca dalla felicità. «Ricordo perfettamente mio padre dirmi 'ah, ma io non capisco come mai queste cose non succedono in questa azienda. Adesso ti faccio direttore generale perché tu sei concreto, qui perdono il tempo'.»

A quel punto, confessa Giuseppe, commette un errore madornale. Gli viene proposto di diventare amministratore delegato, una figura che non esiste in azienda. Nel 2002 passa da essere direttore operativo con sette deleghe a essere il CEO di Esselunga. Le cose, però, non sono molto chiare: sulla carta infatti ha gli stessi poteri del padre, che è il presidente. «Nella realtà, gli ambiti sono separati da un muro invisibile. Lui si tiene lo sviluppo, ha sotto di sé, senza gestirla, l'amministrazione. E si occupa delle costruzioni e della parte politica. Io mantengo essenzialmente la parte operativa e quando provo a mettere becco in situazioni che lui ritiene siano di sua spettanza succede l'ira di Dio.»

Uno dei primi terreni di scontro feroce è la questione dei bar di Esselunga. Giuseppe vorrebbe fare dei *cyber* caffè, vendere prodotti biologici, una cosa all'avanguardia, che piaccia ai giovani; suo padre invece prende un architetto famoso, un suo amico, e crea quelle che Giuseppe definisce *delle mense sovietiche*.

«Un giorno, nel Superstore di via Ripamonti, una signora gli si avvicina e dice 'ma chi è il numero uno qua?' e mio padre risponde 'i numeri uno sono due' e indica anche me. Quello è stato il mio errore. Lui avrebbe dovuto sempre pensare a me come il numero due. Ma era una forma di insicurezza la sua, perché nella mia testa è sempre stato lui il numero uno. Come padre era in una posizione assolutamente dominante. Ma evidentemente mi vedeva come un pericolosissimo rivale. Un rivale che non la pensava come lui, e questo lo faceva ammattire.»

Certo non è semplice lavorare con qualcuno della propria famiglia. È facile che si sovrappongano i ruoli e si rischi di rovinare il rapporto. Io ho lavorato per tantissimi anni sia con mio fratello Luigi che con mio fratello Lorenzo. Con Lorenzo, a un certo punto, ho sentito che non eravamo più allineati. Abbiamo iniziato ad allontanarci. Così un giorno gli ho fatto una domanda diretta. «Se non fossi mio fratello, lavoreresti ancora con me?» Avevo gettato le basi per ottenere la risposta che mi ha dato. Ha proseguito per la sua strada in autonomia, e oggi siamo entrambi felici di quella scelta. Ora ci viviamo da fratelli, in purezza, e riesco a vedere con molta più lucidità le sue capacità professionali.

Il padre di Giuseppe ha un grande talento nell'immobiliare. Per i primi Esselunga si limita ad affittare i locali; poi, con gli utili dell'impresa, compra tutti i muri, e dove non può permettersi di farlo dismette. È molto abile a trovare la posizione giusta, gli piacciono le costruzioni, i parcheggi, la parte più industriale del business, la gestione dei costi e il lavoro necessario a trovare i prodotti giusti. La qualità è sicuramente qualcosa che si deve attribuire a lui. Dal canto suo, Giuseppe è più portato per la gestione della vendita, per gli scaffali e la loro redditività. È una persona molto organizzata e informata, ha un pensiero strutturato, frutto della scuola francese. Se avessero trovato un modo di comunicare, avrebbero potuto essere perfettamente complementari nell'amore senza limiti che entrambi hanno dimostrato per l'azienda familiare.

A gennaio del 2004 non si parlano già da tempo. La relazione si è rovinata del tutto, quando Giuseppe è diventato amministratore delegato. Suo padre convoca una riunione dei quadri e dei dirigenti, lo fa attraverso il direttore del personale. Per l'ennesima volta lo bypassa, non lo informa. Appena arriva, Giuseppe vede quattro Mercedes nere nel parcheggio e ironico dice alla guardia: «È arrivata una delegazione sovietica?» C'è un clima da purga staliniana.

Quando Giuseppe arriva nel suo ufficio il padre gli dice: «Guarda, ho mandato via queste tre persone». Da provocatore quale è, ha inscenato un grande show. Le tre persone vengono scortate fuori e caricate sulle macchine. «Io sono rimasto sotto shock. E poi, non so quando, se il giorno stesso o quello dopo, sono andato nel suo ufficio e gli ho chiesto 'papà, ma la quarta macchina era per me?' e lui si è messo a ridere di gusto.»

Il giorno seguente, viene la sua segretaria, Germana Chiodi, e dice a Giuseppe che forse è meglio se si prende una vacanza. Lui mette insieme un po' di cose, porta via quello che può, e assume un incarico nella centrale di acquisti del gruppo di Esselunga. Non ha reali poteri, è a disagio. Dura qualche mese, poi si dimette. Successivamente, apprende dai giornali che gli sono state revocate le deleghe come amministratore delegato.

Dal momento in cui viene *fatto fuori* fino alla morte di suo padre, Giuseppe si trova in una situazione complicata. In quegli anni mette anche in piedi una start-up che però non va come sperato. Ha guadagnato tanto fino a che era in Esselunga, ma dal 2004 al 2017, anno in cui arrivano a un accordo, ha grosse spese per gestire la questione legale, grandissimi costi di arbitrato.

Tra le cose belle che ricordo di mio padre c'è che, quando era in vita, ci ha mostrato una vita incredibile, da film – casinò, belle macchine, elicotteri e hotel di lusso, come ho già raccontato – ma allo stesso tempo ci ha insegnato a vivere con niente. Lui mi ha sempre detto: «Tu devi vivere da bosco e da riviera». Significa che devi godere mentre mangi un panino e mentre mangi caviale, ma non devi abituarti a nessuna delle due cose, così riesci sempre ad adattarti. È stato un insegnamento incredibile. Mi è servito tantissimo per avere la forza di reagire agli alti e bassi che ho dovuto affrontare nella mia vita.

Giuseppe mi spiega che tutte le azioni, anche quelle legali, le ha messe in atto per evitare che l'azienda venisse venduta e i proventi della vendita sparissero in Paesi improbabili. «Tutto sommato mi sento la coscienza pulita. A un certo punto, tra il 2004 e il 2005, ho cercato anche di comprarmela, l'Esselunga. Qualcuno ha criticato questo tentativo, dicendo 'un padre che riceve un'offerta da un figlio. Chissà come l'ha presa male'. Peccato che all'epoca c'erano delle trattative con un gruppo straniero molto importante, Walmart, e mi sono rifiutato di dare a mio padre la procura per vendere. Questo non fa di me un sovranista, ma sicuramente una persona che in qualche modo sente di aver salvato un pezzettino di Italia.»

Suo papà viene a mancare nel 2016. Lascia metà dei propri risparmi alla segretaria Germana, circa settanta milioni di euro, e a Giuseppe e Violetta delle azioni che frutteranno loro un miliardo e duecento milioni di euro a testa. Giuseppe non viene invitato dal padre ad andarlo a vedere per l'ultima volta. L'ultimo saluto non c'è stato. C'è andata sua sorella Violetta, che ha raccontato di aver faticato molto per poter accedere alla sua stanza di ospedale e riuscire a vederlo. «Eravamo andati troppo oltre, credo che non ci fosse più possibilità di approccio, di nessun tipo. L'ultima volta che c'eravamo visti era sei anni prima e non era stato per niente gradevole. È stata una storia di odio e amore, purtroppo è andata così, ma alla fine bisogna perdonare, perché il padre rimane il padre, qualunque cosa succeda.»

Prendo tempo per ricordare qualcosa che ci accomuna. Quando mio papà è morto non ci parlavamo da cinque anni. Una sera mi trovò a giocare al casinò, e quella volta forse si rivide in me. Avevo perso una somma importante in poco più di un'ora e so che in quel momento mi odiò perché probabilmente già odiava se stesso per la sua ludopatia. Mi disse: «Non ti voglio mai più vedere, tu non sei il figlio che avrei voluto».

È in quel momento che decisi per la prima volta di farmi interdire l'ingresso alle sale da gioco per non metterci più piede e resistere a quella tentazione. Come ho già raccontato, ci vorrà del tempo prima di riuscire davvero a guarire e a liberarmi dei miei demoni e della mia dipendenza. A differenza di Giuseppe, però, sono riuscito a vedere mio padre prima che morisse. Solo pochi minuti prima della sua morte. C'eravamo solo noi due, in quella stanza di ospedale. Lui era poco cosciente. L'ho guardato e gli ho promesso, ad alta voce, che avrei vegliato sulla mia famiglia. Gli ho detto che poteva andarsene in pace. In passato, me l'aveva chiesto più volte. Sentendo le mie parole gli è scesa una lacrima ed è morto poco dopo.

Quella visita è stato il primo mattoncino per un processo personale molto lungo di elaborazione del nostro rapporto.

Ho sempre pensato che lui fosse stato un po' il *deus ex machina* della mia formazione, dei miei traumi, del mio essere, e invece, facendo l'Hoffman, ho capito che mio padre non è stato il mio mostro. Tutt'altro. E con il tempo ho sentito la volontà emotiva, ma anche spirituale, di perdonarlo. Mi sono reso conto che avevo bisogno di perdonare per stare bene e avevo voglia di vedere solo le sue qualità.

Se si è arrabbiati con qualcuno e non si perdona, quella rabbia rimane dentro di noi ed è molto pesante, si tende solo a ricordare la parte brutta del rapporto. Però per fortuna ho imparato ad analizzare, a cercare di capire le radici delle reazioni delle persone e ora sono capace di amare mio padre molto più di quanto sapessi fare quando era in vita. Allora ero accecato dall'ira, oggi ho la lucidità per mettere i suoi pregi e i suoi difetti sulla bilancia. Gli vorrei dedicare delle poesie, delle lettere, dei messaggi che forse gli arriveranno comunque, non so, ma sento che si è aperto un dialogo che non c'era. Quando sono diventato maturo, non ho mai avuto occasione di parlargli. Lo temevo, mi dominava, ma se avessi avuto allora la testa di oggi l'avrei invitato a sedersi a un tavolo e gli avrei raccontato con amore le cose che sentivo dentro, senza accusarlo. Saprei come prenderlo, potrebbe diventare il mio migliore amico, ma purtroppo non c'è più. Il più grande rimpianto che ho è non poter andare da lui e dirgli: «Papà, c'è una vita diversa, una vita che non conosci. Tu hai solo subito i tuoi demoni, ma si può vivere diversamente da come hai vissuto».

Vedo che anche Giuseppe è in un processo di perdono, ed è bellissimo perché questo tipo di maturazione permette di fare pace prima di tutto con se stessi. Giuseppe ha tre figli: Tommaso di trentun anni, Margherita di ventisette e Giovanni di diciannove. Al momento vivono all'estero tutti e tre, due in Inghilterra e una ad Amsterdam. «Io non sono stato né un buon padre né un buon marito. Mi dispiace. Avrei voluto che le cose andassero diversamente, anche con la loro mamma, però non ci sono riuscito.»

Spero che i suoi figli, magari anche attraverso la nostra intervista, possano avvicinarsi a lui e costruire un rapporto d'amore per rompere finalmente la loro catena di sofferenza familiare. Io intanto lo ringrazio per avermi aiutato a ricordare anche oggi quanto sia stato importante perdonare mio padre.

Con il cuore, da Giuseppe Caprotti

Quando mi hanno chiesto se mi interessasse andare al podcast «One More Time» a parlare della mia vita e del mio libro, *Le ossa dei Caprotti*, non sapevo di cosa si trattasse. In realtà non sapevo neanche cosa fosse un podcast.

Mi è stato detto di guardare qualche episodio. L'ho fatto e Luca mi è piaciuto.

Mi sono fidato e mi sono presentato nel suo studio, sapendo solo che avremmo parlato della mia vita personale. Ero già stato a programmi radio *senza rete*, e quindi mi sono detto che sarebbe stata più o meno la stessa cosa.

Nella realtà si è trattato di ben altro. Luca lo definisce, giustamente, *un viaggio meraviglioso*. Così è stato. Un viaggio a volte divertente, a volte doloroso. Comunque fondamentale e bellissimo.

Solo dopo aver finito la registrazione ho capito cosa sarebbe successo: le mie emozioni sarebbero state esposte al mondo.

Ricordo che me ne sono vergognato. Ho perfino chiesto a Luca se potessimo modificare, *ex post*, il programma. Almeno la fine, che riguardava i miei figli. Ma ormai il dado era tratto.

L'uscita ufficiale di «One More Time» è, per fortuna, coincisa con un momento difficile per me: la terza edizione di *Falce e carrello*, un libro che mi ricorda solo brutti momenti. «One More Time» ha, con altre pubblicazioni, rappresentato un antidoto. Un modo per superare un momento difficile, ma soprattutto una tappa importante per superare una storia difficile e arrivare a perdonare mio padre.

Ho capito che solo perdonandolo completamente sarei stato libero da questa storia che ha ossessionato, con il suo carico di odio e di follia, tanti anni della mia vita.

«One More Time» è stato quindi complementare al mio libro. Luca mi ha fatto capire che dovevo assolutamente andare *oltre*. E così è stato: quel che dovevo dire l'ho detto e l'importante non era più vendere un libro in più o in meno, perché ero finalmente in pace con me stesso.

Ogni giorno che passa, scrivendo sul mio sito, cosa che faccio quotidianamente, capisco che sono più positivo nei confronti di mio padre, di quello che mi è successo e soprattutto nei confronti di chi mi attornia e della vita.

A fine aprile, per esempio, ho riesumato e scritto un bellissimo ricordo di un pranzo dove lui cucinava per Violetta, me e alcuni amici in un posto del cuore che avevamo in Svizzera, tanti anni fa. Sono piccoli passi importanti nel viaggio intrapreso con la stesura del mio libro e tanti incontri positivi con amici come Luca.

Ho ricominciato ad ascoltare quotidianamente un po' di musica. La prossima tappa è che il mio cellulare non rimanga più in modalità *spento* come lo è stato per anni. Ci riuscirò, prima o poi, ne sono convinto. Grazie anche a Luca e a «One More Time».

Un ringraziamento speciale a Elena, a chi mi ha aiutato con la Fondazione Guido Venosta, e a chi mi vuole bene.

Giuseppe Caprotti

“ROBERTO SAVIANO”

Una seconda vita tutta da scrivere

Uno dei motivi per cui ho iniziato a fare «One More Time» è spiegare quanto la fama possa, in certi casi, diventare una malattia. Prima di lavorare con i *content creator* di YouTube, per diversi anni sono stato il manager di alcuni vip della TV diventati ricchi e famosi, ma dal bilancio emotivo spesso infelice.

Roberto Saviano, per il successo di *Gomorra*, sta pagando un prezzo salatissimo, soprattutto in termini di libertà e di distanza obbligata dagli affetti più cari.

In Italia, tutti conoscono il suo personaggio. Spero che chiunque prenda in mano questo libro possa riuscire a connettersi con l'essere umano delicato che è. Servirà fare uno sforzo per entrare nel suo mondo interiore ormai troppo corazzato, ma ne varrà la pena. Roberto è il primo a doverlo fare: provare a tornare bambino, ritrovare la propria autenticità e una leggerezza nel cuore forse mai del tutto sentita, che adesso è diventata necessaria. È da lì che iniziamo a raccontare la sua storia.

Nasce il 22 settembre 1979 a Napoli. La madre è rimasta a letto per tutta la gravidanza. Aveva già perso due bambini, e le era stato detto che non avrebbe potuto avere figli. Forse per questo su Roberto riversa tutte le ansie, le fantasie, le paure che ha avuto prima di darlo alla luce. Fin da piccolo lui dimostra di essere un bambino particolare: ha una buona memoria, un ottimo eloquio, chiede soltanto di leggere, leggere, leggere... Uno dei primi libri che riceve in regalo è l'Iliade. «Me la ricordo ancora, messa lì, sulla sedia da mio nonno, al mio decimo compleanno.»

Sua madre è ligure, una geochimica mineralogista; suo padre, originario dell'entroterra campano, è un medico di base. «L'oca, le fragole, i pacchi di caffè, la pannocchia, il carciofo. Casa nostra si riempiva di queste cose e io ero orgoglioso di vedere, nei regali che riceveva, la passione che aveva per il suo lavoro e l'empatia che provava verso i pazienti.» Con loro vivono anche suo fratello più piccolo, la sorella della madre e il nonno materno. Avere il nonno Carlo accanto è una fortuna immensa. Insieme a lui, Roberto si immerge tutto il giorno, tutti i giorni nelle storie, nei racconti, nelle novelle, nei miti.

Anche io ho avuto un rapporto molto speciale con mio nonno materno. Abbiamo lavorato insieme, purtroppo per poco tempo. Durante le vacanze estive, e poi subito dopo il diploma, mi portava con sé dai clienti e mi faceva respirare un'aria che presto sarebbe diventata familiare, oltre a rivelarsi molto utile durante tutto il mio percorso lavorativo. È lui che mi ha insegnato il rigore e la disciplina. Lo ha fatto con una modalità che attecchiva bene su di me: mi puniva anche, ma senza alzare la voce, mi dava delle lezioni con pacatezza e amore. Ci ha lasciato improvvisamente, per un tumore al pancreas. Dentro di me è rimasto un grande vuoto.

Il gioco dei bambini Roberto non lo hai mai coltivato. Il divertimento spensierato, quello in cui si ride, non lo conosce. E anche questo ci accomuna. Durante la mia infanzia credo di aver giocato troppo poco. Lui ha uno splendido rapporto con il fratello, ma la maggior parte del tempo lo passa tra gli adulti, e alla fin fine è un bambino molto solitario. Il peso delle aspettative della sua famiglia non lo fa stare bene. E infatti fallisce sempre. Suona il pianoforte, dicono *è uno bravo, può diventare pianista*, ma quando partecipa a un premio, portando Chopin, arriva ultimo. Sua madre e sua zia lo vogliono rendere un vincente, le coccole sono viste come qualcosa che indebolisce e a ogni fallimento sottolineano che non si è impegnato abbastanza. Lo fanno a fin di bene, per spronarlo, ma Roberto da un lato sente il privilegio di avere chi crede in lui, dall'altra subisce la loro delusione. «Ho introiettato moltissimo quest'ansia di dare il massimo e di mettere il corpo nelle cose. È lì che è iniziato tutto, è continuato negli anni ed è una sensazione che mi accompagna ancora oggi.»

Gioca a scacchi e si ripete sempre lo stesso meccanismo. Ci si aspetta da lui un qualche successo, partecipa a un torneo ufficiale, invece è un altro disastro. Non è veramente quello che vuole fare. Non si sente comodo. *Si può essere un bravo giocatore senza voler diventare un professionista*, pensa lui.

In ambito sportivo si dedica alla pallanuoto. Intorno ai quattordici-quindici anni arriva ad allenarsi con una squadra importante della sua zona. Ma anche in questo caso non ottiene i risultati sperati.

Forse il problema è che parla di musica, di scacchi, di pallanuoto usando i termini appropriati, le parole giuste, approfondendo. Le persone mentre lo ascoltano si fanno l'idea che lui sia fortissimo. Poi lo vedono suonare o giocare e notano lo scarto tra l'eloquio e la pratica.

«Si racconta sempre del bambino prodigio che ce la fa. *Prodigio* è una parola insopportabile. È pieno di bambini di talento che siccome non arrivano a vincere vengono considerati perdenti. In realtà, non lo sono affatto, sono riusciti ad arrivare all'eccellenza, solo che non vogliono fare di quell'eccellenza un mestiere, quindi non vincono, direi per loro fortuna. Ecco, io sono stato uno di quei bambini fortunati.»

Qualche giorno fa abbiamo ricevuto la notizia che mio figlio Gabriel è stato preso da un'importante squadra di calcio milanese. Siamo tutti molto orgogliosi di lui, è un grande traguardo, ma non vogliamo che senta addosso alcuna pressione. Non ci interessa vederlo giocare in serie A, su di lui abbiamo solo aspettative di grande felicità.

In casa, Roberto respira la cultura ligure della famiglia materna. La madre, la zia e il nonno gli insegnano dei valori, un codice morale, e lo tengono protetto. Ma vive anche il mondo della strada. Lo frequenta grazie alla famiglia paterna, di origine più popolare. E qui impara il dialetto, il napoletano, che parla ancora oggi con suo padre e che definisce *la lingua della carne*.

Vive in pieno l'epoca di Maradona. Il Napoli è la religione che lo unisce a suo padre, il quale, attraverso il calcio, gli fornisce diversi strumenti di crescita: il gioco di squadra, la capacità di cercare dentro di sé un punto di forza, il coraggio di mettersi alla prova.

Roberto cresce in un territorio a cavallo tra le province di Napoli e Caserta, densissimo di omicidi e devastato dalla corruzione. Sono anni profondamente complicati. Ci sono trecento, quattrocento morti l'anno. Praticamente una guerra civile. «Da quando sono nato, nella sola zona dove sono cresciuto, i numeri dei morti sono superiori a quelli di tutti i fuochi d'Europa. Il terrorismo basco, quello dell'Irlanda del Nord, il numero di morti delle Brigate Rosse, Raf in Germania... quei fenomeni che ognuno di noi ha percepito negli anni come un'emergenza nel continente hanno fatto molti meno morti rispetto a quelli della mia area.»

Il primo morto lo vede che è solo un ragazzino. Sta andando a scuola, in mezzo alla strada c'è una macchina, all'interno un uomo sottosopra. Ha i piedi al posto del poggiatesta, perché i colpi di Kalashnikov lo hanno fatto girare. «Aveva il *rigor mortis*, quindi il pene duro, e a noi giovanissimi incuriosiva, tutti guardavamo, fino a che una ragazzina si mette a piangere e un tizio del posto apre la portiera e fa 'no, ma che piangi, chista è 'na munnezza'.»

Roberto è nato in una terra bellissima ma violata. «Ricordo, ad esempio, il lungomare casertano a Castel Volturno, Pinetamare, che è una spiaggia lunga quanto quella di Copacabana, ma nella devastazione degli abusi edilizi, nella *sozzimma*.»

Nel 1994 succede una cosa che sconvolge Roberto e lo segnerà per tutta la vita: viene a sapere che Don Peppe Diana è stato brutalmente ammazzato. È il 19 marzo, il giorno del suo onomastico. Le mafie uccidono quasi sempre in date simboliche. Lo fanno apposta, perché così ogni volta che sarà il giorno di San Giuseppe non penserai al santo, ma a quell'omicidio. Non te ne libererai mai.

Don Peppe non indossa l'abito talare. Insieme a lui in chiesa, in quel momento, ci sono diverse persone. Quando arriva il killer chiede: «Chi è Don Peppe?», ricevuta risposta, gli spara in faccia quattro colpi. Fa fuoco da così vicino che quando Roberto leggerà il referto necroscopico sui giornali rimarrà colpito da un dettaglio: un proiettile ha spezzato le punte di tutte le chiavi di Don Peppe, e le ogive gli sono entrate dentro il maglione.

«Don Peppe è un ragazzo che in quanto prete dice 'io non posso portare avanti la mia attività pastorale senza denunciare tutto questo, bisogna prendere parte'. Dal pulpito inizia a dire 'la democrazia italiana è minacciata dalla dittatura criminale'. Lo scriverà anche in un documento che si chiama *Per amore del mio popolo non tacerò*. Io ero completamente al di fuori della spiritualità cattolica che lui invece alimentava, ma recepisco il suo messaggio: *scegli sempre, poi magari cambi idea, poi magari paghi le conseguenze, ma scegli sempre.»*

Questa morte è il primo seme da cui germoglierà la futura lotta di Roberto. Ha soli quindici anni, ma influenza profondamente la sua visione del mondo. Fin da allora monta in lui una rabbia che lo porta a essere radicale. Già in adolescenza è pieno di dolore, diventa cupissimo, ha dentro un male di vivere che lo accompagnerà per tutta l'esistenza.

I suoi coetanei hanno figure di riferimento come Malcolm X, Che Guevara; Roberto invece ha il sindaco di Casal di Principe, Renato Natale. Di formazione comunista e poi cattolicissimo, Natale si è sempre opposto al clan dei casalesi con tutte le sue forze, mettendosi contro un'organizzazione che fattura cento milioni di euro l'anno. «Una volta costruì una rotonda e non la fece fare al clan. La notte, il clan prese la rotonda con le ruspe e gliela buttò nel giardino. Un'altra volta gli riempirono con una montagna di merda l'ingresso di casa.» Il giorno dell'omicidio di Don Peppe, Renato Natale entra in chiesa, vede tutto il sangue nero a terra, si inginocchia e prega, bestemmia, chiede a Cristo perché ha permesso che un ragazzo di soli trent'anni fosse ucciso nella sua casa. In quel momento odia il Cristo che ha permesso una cosa del genere, poi lo prega di nuovo. Questa scena Roberto non l'ha vista, gli è stata raccontata, ma ce l'ha dentro come se fosse stato presente.

Ora è normale, ma a quei tempi non si vede neanche un articolo. Quello che sta succedendo non finisce sulla stampa nazionale. «Non per la censura, ma perché veniva visto come *monnezza* di paese.»

Il massacro continua e Roberto ne diventa per forza testimone: Antonio Cangiano, vicesindaco di Casapesenna, decide di non far vincere un appalto al clan e il boss dice «tu non fai camminare noi e noi non facciamo camminare te» e gli fa sparare alla spina dorsale; Federico Del Prete, un sindacalista che dice «bisogna unirci nei mercati e gestire finalmente in maniera cristallina gli appalti e le posizioni dei commercianti» lo ammazzano; un barista sostituisce le macchinette dei video poker dei Bidognetti con quelle del clan rivale degli Schiavone e lo bruciano vivo; Magliulo, un giovane che lavora nei loro cantieri, corteggia una ragazza che era stata promessa dal clan a un altro, lo legano a una sedia davanti al mare e lo affogano facendogli mangiare sabbia; Bidognetti sta scappando a Giuliano, stanno per ammazzarlo, allora lui prende una maestra e la usa come scudo umano, e tutti i proiettili colpiscono lei.

«Avevo di sicuro un'inquietudine precedente a questi fatti. La domanda esistenziale per eccellenza, cioè quale fosse il senso della mia esistenza, mi metteva un'ansia che non mi abbandonava mai. La frustrazione era dovuta alla mia incapacità di riconoscere che bastavo. Dovevo essere sempre qualcosa in più. Questa era la mia lettura, magari agli occhi della mia famiglia non era così. Questi omicidi però arrivano a sconvolgermi, nel vero senso della parola, mi tolgono proprio l'ordine della pace nella vita.»

Inizia a leggere sui giornali locali le firme di cronaca nera. Non sono dei maestri, anzi. Occuparsi di camorra è una punizione, è una roba che fanno i peggiori. Eppure, Roberto li ammira. A diciotto anni decide di andare a vivere da solo ai Quartieri Spagnoli di Napoli per cominciare una fase diversa della propria vita. Una fase in cui si dedicherà solo a scrivere di criminalità, senza trovare appoggio da parte della sua famiglia. Per farlo deve viverci in mezzo a quel contesto criminale. Conosce già il codice mafioso. La logica dello sguardo, ad esempio, l'ha respirata da vicino durante tutta la sua adolescenza, durante le risse, frequentando anche persone molto vicine ai clan, ma vuole di più. E anche se oggi, con il senno di poi, avrebbe preferito che quel mondo lo spaventasse, allora è qualcosa che lo incuriosisce. Addirittura lo affascina, lo attrae.

A diciassette anni manda un racconto a Goffredo Fofi che all'epoca, insieme a Grazia Cherchi ed Enzo Siciliano, è tra i grandi critici letterari che scovano i giovani talenti in Italia. Fofi gli risponde con una lettera battuta a macchina. Roberto l'ha conservata nel portafoglio fino a quando non si è divisa in quattro parti per l'usura. «Caro Roberto, ho letto il tuo racconto, scrivi davvero bene: ma quante cazzate! Ho visto da dove mi stai scrivendo, è giunto il tempo di aprire la finestra e raccontarmi quello che vedi.»

Roberto segue il consiglio e inizia a collaborare con delle riviste letterarie. Parallelamente è attratto dal giornalismo, e scrive per «Il Manifesto», «Il Corriere del Mezzogiorno», dorso campano de «Il Corriere della Sera».

Gli altri amici che vogliono fare giornalismo sognano di diventare editorialisti per scrivere di politica, soprattutto internazionale. Sono gli anni del terrorismo, dell'11 settembre. Roberto invece è convinto che è la guerra che stanno subendo quelli che vivono nelle strade della sua zona a dover essere raccontata. Le generazioni precedenti non lo hanno fatto. Lui sente di avere questa responsabilità. Dentro gli cresce un'ambizione precisa: se scriverà di queste cose, queste cose arriveranno a tutti.

Collabora per qualche anno con un settimanale milanese che si chiama «Diario», lo dirige Enrico Deaglio. Un giorno scrive di un camorrista che aveva degli affari con una grande azienda del nord che distribuisce latte. Glielo pubblicano, escono tre o quattro pagine. Appena l'articolo è fuori gli sfondano il garage di casa. Roberto chiama la redazione per raccontare il fatto e chiede se è possibile ottenere un risarcimento, ma dalla rivista rispondono: «Dove stai tu vendiamo tre copie e una la compri tu, figurati se hanno letto il tuo articolo, dai, non fare il mitomane».

Avrebbe dovuto sentire paura, ma non la sente. Al contrario, sente che hanno timore di lui. Questo gli piace. Capisce che sta toccando le corde giuste. Dopo il pianoforte, la pallanuoto, gli scacchi, finalmente crede di aver trovato il proprio spazio nel mondo.

Nel 1998 inizia il grande processo Spartacus, condotto a carico del clan casalese. Roberto vede che sui giornali nazionali non ne parla nessuno. È il più grande processo di mafia per numero di imputati della storia, paragonabile solo al maxiprocesso di Palermo, e non se ne scrive da nessuna parte.

È furioso, ma capisce che è un'occasione per lui. Così, pubblica qualche articolo sui giornali, e una sera si trova sotto casa un personaggio legato al clan. È seduto su una moto, ha un baffo da motociclista che va sotto il mento. Roberto capisce che è lì per lui. «Penso che non può essere nulla di grave perché uno che ti vuole ammazzare non si fa vedere così da tutti. Il tipo mi sorride e mi dice che ho ragione a cercare di attirare la loro attenzione e a definirli delle *monnezze* perché mi sono laureato, sono uno bravo, eppure nessuno è venuto a darmi un lavoro. 'A te piace la Germania'. Avevo fatto l'Erasmus a Düsseldorf, un disastro. La città non mi era piaciuta. Loro lo sapevano. 'A Brema, sta sull'autostrada, abbiamo una roba di auto che non funziona. Vai tu.' Non dico niente. E l'altro fa 'ti piace il Sudamerica, noi a Caracas teniamo una ditta di camion. Ci sta un venezuelano. Ma se ci vai tu, a noi ci fa solo piacere'. E allora faccio 'ma che sta dicendo?'. Il *lei* è un insulto, perché il *voi* è un segno di rispetto, mentre il *tu* di confidenza. Lui si rabbuia e mi dice, non in maniera aggressiva, 'ma allora perché stai facendo tutto questo? Non volevi una mano? Non è che qualcun altro ti sta pagando?' Eccolo, il suo pensiero. Non ci pensava proprio, neanche minimamente, che fosse una mia esigenza, una mia volontà, anche solo professionale. Poi sale sulla moto, non mi insulta, non mi fa nulla, e va via.»

Poco dopo scoppia la faida di Scampia, nel napoletano. È una guerra di camorra che coinvolge una serie di clan:

da una parte i Di Lauro di via Cupa dell'Arco a Secondigliano (capeggiati da Cosimo Di Lauro), dall'altra la frangia dei cosiddetti *Scissionisti*, anche detti *Gli spagnoli* (perché aventi la base operativa a Barcellona), un gruppo nato da una costola degli stessi Di Lauro e capeggiato da Raffaele Amato. Due, tre, quattro, cinque morti al giorno. E Roberto li va a seguire tutti con la sua Vespa nera, che diventa un'estensione delle sue gambe. Come tutti all'epoca, ha anche una radio sintonizzata sulle frequenze della polizia, per sentire quando ci sono degli omicidi. A volte arriva che il ferito è a terra, ancora vivo, e capisce cosa significa morire per strada.

Roberto pubblica dei brani che raccontano di camorra su «Nazione Indiana», un sito letterario letto da tutti gli editor di Italia, di qualsiasi casa editrice. Serena, la sua fidanzata dell'epoca, con cui è stato da quando aveva sedici anni fino alla fine dell'università, ricorda molto bene tutta la ricerca fatta negli anni, l'esaltazione di Roberto. «Sto mettendo mano a cose incredibili che racconterò con grande ansia e passione. I pochi amici che ancora ho mi vedono maneggiare nitroglicerina, non sanno se sto esagerando nel dire quello che sto facendo o se veramente sto rischiando.» Tante case editrici manifestano interesse, ma Mondadori gli manda direttamente il contratto. Senza avere neppure ricevuto il testo, gli offre un anticipo di cinquemila euro. «Mi dicono 'se il libro che consegnerai non ci piace, lo puoi dare a chi vuoi'.» Il libro, in realtà, ancora non esiste, ma Roberto si butta a capofitto a scriverlo. Quel libro diventerà *Gomorra*.

Quando lo convocano a Segrate, nella sede della Mondadori, a riprova del fatto che non ha inventato niente, porta una borsa sportiva piena di giornali locali.

La *non-fiction novel* in Italia è molto poco praticata. O si fa un saggio giornalistico, o si fa un saggio accademico-scientifico, o si fa un romanzo. Roberto invece vuole nomi veri, fatti misurabili, ma raccontati con una forma che possa arrivare a tutti. Non si parla di camorra, la si trova solo negli articoli di cronaca nera, non c'è un approccio intellettuale, analitico, letterario, e di questo Roberto è consapevole. Tempo dopo, alcuni rapper francesi lo soprannomineranno l'*Omer de la Merde* (l'Omero della merda) per come racconta l'orrore, il crimine, l'omicidio.

«Guarda adesso come è facile parlare di camorra grazie al prezzo pagato da chi ha perso tutto per poter accendere quella luce. Allora invece sembrava impossibile.»

Di *Gomorra* Mondadori stampa cinquemila copie. All'inizio c'è solo un piccolo passaparola, lo leggono le persone del giro culturale napoletano, la crescita delle vendite non è affatto immediata. Ma Gian Arturo Ferrari e Massimo Turchetta, il capo e il vicecapo della Mondadori di allora, si innamorano del libro. Decidono di fare una tiratura più grande, circa trenta, quarantamila copie. Un atto davvero coraggioso per il libro di un esordiente.

Forse anche grazie al passaggio in televisione da Daria Bignardi, al programma «Le Invasione Barbariche», *Gomorra* raggiunge le centomila copie vendute. È qualcosa di gigantesco.

Per la prima volta nella sua vita Roberto ha un risultato concreto, non interpretabile. In quei giorni riceve una telefonata di Antonio Riccardi, direttore editoriale Mondadori, che gli dice: «Con questi numeri, sei ufficialmente uno scrittore. Bravo, ora puoi vivere di questo».

«Ma la mia ambizione era da condannare. Io non volevo la fama, le vendite, non volevo i premi, volevo qualcosa di assurdo, io volevo veramente sconfiggere il male ed ero pronto a qualsiasi sacrificio. Una roba che oggi mi fa sorridere e mi fa provare anche un po' di pena.»

Al Festival di Mantova, nel cortile dove deve fare la presentazione, c'è la fila. Roberto non se lo aspettava. Si siede e racconta il suo libro davanti a un mare di persone. Alla fine dell'evento lo seguono per la firma, lo prendono proprio per la maglietta. «È in quell'occasione che ho capito di non essere più un uomo comune, non mi potevo più perdere tra gli altri.»

Il libro inizia a girare anche nel mondo criminale. «Vengo a sapere che i Di Lauro, dal carcere, hanno comprato tantissime copie. Vogliono vedere che cosa ho raccontato di loro, ma non con sospetto o per vendicarsi, sono curiosi.»

I giornali riservano sempre più attenzioni a queste dinamiche. Di conseguenza arrivano più risorse alle procure. Roberto è soddisfatto, finalmente la prima luce si accende e i boss manifestano fastidio. Fino ad allora, hanno sempre potuto contare sull'informazione locale, che condizionano direttamente: ora sono sotto i riflettori.

È il giorno dopo il suo compleanno, il 23 settembre 2006. Durante una manifestazione per la legalità a Casal di Principe, Roberto viene invitato a salire sul palco a parlare in quanto autore di *Gomorra*. Tra il pubblico ci sono tante persone che appartengono alla parte sana del paese, ma anche tante che fanno parte di quella criminale. «Davanti ai figli di Sandokan, i parenti di Iovine, tutti i capizona sfido i boss e dico 'guardate che questi nomi si possono pronunciare. Io lo so bene perché sono cresciuto qui, come voi, in questo territorio'. Allora anche solo nominarli metteva paura. Poi continuo: 'Iovine e Zagaria, non siete di questa terra, Schiavone e Bidognetti andatevene'.»

L'aria si ferma. Accanto a Roberto ci sono il presidente della Camera Fausto Bertinotti e l'assessore Corrado Gabriele, che lo ha fortemente voluto alla manifestazione. Poi continua: «Apparentemente vi fanno del bene, magari pagando il lavoro ai vostri genitori nelle imprese edili, ma loro stanno avvelenando questa terra, l'hanno distrutta, sono codardi perché poi investono i loro soldi altrove, perché vi lasciano questo orrore mentre loro sono via».

Termina l'intervento ma, mentre sta per andare via, la scorta di Bertinotti lo blocca. «No, no. Tu da solo non te ne vai dopo quello che hai detto. Ti accompagniamo noi a Napoli. Non va bene che prendi il treno.» Hanno avvertito una tensione indicibile. Nessuno si aspettava che avrebbe pronunciato quelle parole. Lui è entusiasta di averli sfidati in piazza, non è impaurito, non sa che da quel momento la sua vita esploderà.

«Io non mi accorgo di nulla, ma viene dato ordine di farmi del male.» C'è proprio una riunione a cui partecipano tutti i capi clan. Dal verbale si capisce che l'ordine, al momento, è di stare fermi. Hanno paura che vengano inviati i carri armati a Casal di Principe, ma non si sa per quanto tempo non interverranno.

Tutto questo Roberto lo scoprirà solo più avanti. L'unica informazione che gli viene data allora è quella che riceve al rientro dal festival di Pordenonelegge dal Maggiore dei Carabinieri, che lo chiama mentre è sul treno per comunicargli che gli hanno assegnato la protezione, per ora *una tutela*, una sola macchina. Arrivato alla stazione di Napoli, un'auto con i colori, così si chiamano, cioè con la scritta *Carabinieri*, lo raccoglie e lo porta alla caserma Pastrengo. «Nel tragitto dico 'ma che è sta' storia della scorta?' e loro mi rispondono 'sì, ma no, non vi preoccupate, solo per qualche settimana'.»

Sono passati quasi diciotto anni.

Roberto in quelle ore non si spaventa. Non ha contezza di tutto quello che accadrà. Non sa che la sua battaglia contro il crimine, la sua ambizione di portare alla luce i traffici della camorra, le scelte che ha preso condizioneranno per sempre la sua vita. Anzi, continua a pensare *questa è la mia occasione*.

È costretto a lasciare Napoli. «Mia mamma e mia zia mi aiutano con il trasloco, mi danno una mano a riempire gli scatoloni... Sono stati giorni terribili. E quando in macchina mi portano via, alcuni del quartiere mi dicono 'finalmente ti hanno arrestato'. E quel *finalmente* era perché si stava parlando di questi temi sempre di più, e dava fastidio.»

Lo portano a Roma, ma le pressioni non si fermano. Poco tempo dopo un importante collaboratore di giustizia, Carmine Schiavone, uno che Roberto definisce *il Buscetta della camorra casalese, la più importante Gola profonda*, dà l'allarme e dice che a Natale avrebbero fatto un attentato contro di lui.

Il Presidente della Repubblica Giorgio Napolitano dice: «Veglieremo su Saviano». Una roba enorme. C'è anche una raccolta firme di solidarietà promossa da «Repubblica» e firmata da Desmond Tutu, Günter Grass, Orhan Pamuk e tantissimi altri intellettuali. Umberto Eco fa un appello in suo favore al Tg1.

Siamo al 2008. Il film *Gomorra*, diretto da Matteo Garrone, di cui Roberto ha scritto la sceneggiatura, riceve il *Grand Prix* a Cannes, il premio più importante dopo la *Palma d'Oro*, ma superiore a qualsiasi altro per chi fa lo sceneggiatore.

Dal mondo, ancora una volta, riceve un riscontro positivo. Lo invitano a parlare in moltissimi Paesi perché il modello che ha ideato – lo stile del libro e poi quello della sceneggiatura – viene riutilizzato da sceneggiatori, registi e perfino cantanti di tutto il pianeta.

Tra i traguardi eccezionali di Roberto c'è anche quello di essere il primo scrittore italiano invitato a parlare alla premiazione del Nobel.

«È stato incredibile perché l'accademia non si era mai aperta a scrittori non premiati. Andiamo io e Salman Rushdie, che mi prende un po' in giro perché dice 'ci hanno dato il Little Nobel' e in quell'occasione diventa profetico spiegandomi cosa mi succederà: 'Ti daranno la colpa di essere vivo, ti diranno che non è vero che sei un condannato a morte e avranno da ridire su tutto ciò che farai nella vita. Salvati, non mettere il petto davanti a un fucile, ma non vivere come un ostaggio, perché altrimenti ti uccidi per non essere ucciso'.»

Salman Rushdie è uno scrittore che dopo la pubblicazione del suo libro *I Versi Satanici*, nel 1988, si è trovato al centro dell'attenzione mondiale a causa della condanna a morte (*fatwa*) per blasfemia emanata contro di lui dall'ayatollah Khomeini, allora guida suprema dell'Iran. Il suo coraggio è quello di continuare a vivere libero, di girare, di sbagliare, di vivere, di scrivere quello che vuole. «Non ha vissuto dentro la fissità del perseguitato. Io, invece, in quella dinamica ci sono rimasto intrappolato.»

Quello è anche l'anno del secondo grado del processo Spartacus. Roberto è presente a tutte le udienze. L'avvocato Santonastaso legge in aula l'istanza di rimessione firmata dai boss Antonio Iovine e Francesco Bidognetti, entrambi del clan dei casalesi, suoi assistiti. Questa istanza viene interpretata dalla Procura Antimafia di Napoli come una vera e propria minaccia. Secondo questa interpretazione, il messaggio è: *Noi riteniamo responsabili delle eventuali condanne degli imputati i magistrati Federico Cafiero de Raho e Raffaele Cantone, la giornalista Rosaria Capacchione e il sedicente romanziere* – non usano né giornalista né scrittore – *Roberto Saviano*. La minaccia è fortissima.

Teatro, serie, film, dibattiti, racconti, libri, monologhi, premi. *Gomorra* vende dieci milioni di copie in tutto il mondo e viene tradotto in 52 lingue. È un successo strepitoso. Roberto fa una trasmissione su Rai 3 con Fabio Fazio; si chiama «Vieni via con me» e raggiunge il 30% di share, nove milioni di italiani – un record assoluto di ascolti. Il clan dei casalesi trova questi risultati insopportabili, perché portano l'attenzione dell'opinione pubblica costantemente sui loro crimini. Se non attaccano Roberto, l'intera confederazione delle organizzazioni non avrà più fiducia nel loro potere. Se si dimostrano deboli i loro rivali prenderanno il sopravvento.

C'è una tensione immensa. Succede di tutto. Le autorità portano Roberto su un'isola, poi al confine con la Francia, cambiano continuamente il luogo dove lo fanno dormire. E da allora vive sotto scorta.

«E non è un merito, è solo una procedura. Alcuni la fanno passare come *ah, siccome hai la scorta, sei uno figo*, ma non è così, non è una cosa di valore, è una cosa terribile.»

Ma cosa significa veramente? Che tipo di vita vive Roberto da quasi diciotto anni? Qual è la parte malata del suo successo?

Intanto è un'esistenza molto controllata. Ci sono state delle fasi in cui ha avuto la vigilanza fissa, la macchina fuori casa. In altri periodi è stato in caserma o con la VGR, una vigilanza mobile di agenti che visitano lui e altri, una soluzione meno invasiva, perché i vicini di casa o chi è di passaggio non vedono che c'è la macchina dei Carabinieri fissa davanti alla porta.

«Mentre ero sotto scorta ho preso la patente della moto. Durante l'esame c'era il signore che mi esaminava facendomi andare in giro in un paesino, e dietro i Carabinieri. Una cosa assurda.»

Tutto è sempre vincolato alla gestione della sua sicurezza. Gli spostamenti devono essere organizzati, i posti bonificati, c'è un continuo monitoraggio. Se decide di andare in vacanza deve farlo almeno una settimana prima, e se ci sono delle situazioni critiche gli vengono segnalate tutte.

A Roma la scorta è formata sempre più o meno dalle stesse persone. Man mano che si sposta se ne aggregano altre. «Gli agenti sono diventati un po' famiglia, ma la relazione non deve mai superare un certo limite, perché poi ci si affeziona e si soffre, sono comunque dinamiche professionali.»

Il perimetro è sempre l'uscio di casa. È snervante, non può essere mai spontaneo nei movimenti. «In diciotto anni non ti hanno ancora ammazzato e quindi ti chiedi *ma a che serve?* In realtà sono proprio le procedure a rendere impossibile l'avvicinamento, a impedire che qualcuno ci possa tentare.»

Roberto non è mai solo. Non può avere intimità, se non chiuso a casa. È fondamentale tutelare il corpo, fare palestra, ma anche il sesso segue una dinamica particolare, perché a seconda dei momenti del suo percorso è difficilissimo gestirlo. Tendiamo ad accorgerci del valore delle cose solo quando le perdiamo, ed è terribile. Anche una semplice passeggiata, per Roberto, oggi è motivo di felicità.

È costretto a cambiare spesso le case dove vive. Ben presto impara a non affezionarsi ai luoghi. «Ho la mia biblioteca in un garage, un dolore immenso. L'ho costruita in questi anni, quasi quarantamila volumi in tutto, e non riesco a liberarmene. Li considero i miei amici, come se fossero la mia famiglia, ed è da un po' che non mi vedono.»

Ma c'è un altro aspetto, oltre ai limiti di libertà imposti dalle misure di sicurezza, che tormenta la vita di Roberto.

All'inizio della sua vicenda si sente protetto, il mondo si è accorto di lui, non è solo in questo gran casino. Presto, però, anche se una parte del suo Paese lo ama, un'altra comincia inspiegabilmente a odiarlo. Partono le leggende e le accuse. «Il nemico arriva, l'amore è molto più distante. Quando diventi famoso sei di tutti. Non sono più il giornalista, ma un personaggio pubblico. Qualunque cosa diventa simbolica e da riportare. Quando entri nella fama questo è il quotidiano.»

Vive schiacciato tra due forze. Ancora oggi è così: una parte gli ricorda che deve morire, che lo devono ammazzare, che ha una condanna a morte; l'altra pensa sia tutto falso, che il fatto che sia da quasi diciotto anni in questa condizione sia una messa in scena.

«Anni fa, il ministro degli Interni Matteo Salvini disse 'quando vado al governo tolgo la scorta a Saviano e fermo i flussi di immigrati clandestini'. Fu una cosa molto pesante. Tu non è che puoi dare o togliere la scorta senza sapere niente, lasciando la decisione all'opinione pubblica. Se tu dici, riferendoti a una persona che ha la scorta, 'gliela tolgo', gli metti il bersaglio, quindi non gliela togli veramente. Se la scorta viene tolta è perché magari decadono le ragioni per cui era stata assegnata, o perché la persona non ce la fa più. Ma viene fatto sempre in silenzio.»

Quando nel 2014 esce la serie di *Gomorra*, che Roberto ha voluto realizzare e sceneggiare, i media internazionali dicono che è una tra le più belle mai prodotte. Viene osannata perché interpreta un nuovo modo di scrivere la serialità e, come era successo per il libro, crea un nuovo stile, che verrà replicato in tutto il mondo. «L'idea vincente è stata quella di togliere il bene. Non c'è il magistrato o il poliziotto buono. È tutto visto dal punto di vista del criminale.»

I detrattori invece dicono che la serie ha infangato Napoli e ha ispirato i criminali. «L'elemento polemico sono sempre io. Ma che la prima accusa sia menzognera è oggettivo, e sai perché? Napoli, in questo momento, è una delle città più visitate della terra, il turismo l'ha invasa. Invece la seconda accusa parte da un presupposto sbagliato: parlare del male diffonde il male. Ma non è così, è esattamente il contrario. Parlare del male ha fascino perché permette alla persona di misurarsi con esso, di sentire dentro di sé quanto è seccante quel dolore. Non è che se vedo il bene mi comporto bene e se vedo Genny Savastano divento Genny Savastano. Il crimine è diffuso per via della mancanza di lavoro, dell'incapacità delle scuole di attrarre i ragazzi, dei codici totalmente falsi dell'educazione. Ecco perché i giovani si appassionano all'hip hop che parla di prostituzione, di denaro, di cattiveria: perché è autentico, perché sentono che racconta una strada spietata, perché la vita *è spietata*.»

Un'altra accusa ricorrente che gli viene fatta è che guadagna dalle cose che fa, come a insinuare che non è sincero, che prende queste posizioni perché c'è profitto, non perché crede davvero nella giustizia. E allo stesso tempo adottano verso di lui una dinamica politica di isolamento: i festival lo bloccano, le trasmissioni gli vengono fermate, i progetti non vengono finanziati. Cercano di lasciarlo senza risorse economiche. «Come è possibile che con tutti questi risultati, anche internazionali, io ho l'affanno e devo lottare come se avessi iniziato ieri a lavorare? Perché i risultati sono dentro a una dinamica molto più complessa: i miei libri, le mie serie, i miei film vanno a costruire una posizione sul mondo, un racconto preciso, scomodo, non di intrattenimento, ma con una strategia che mira ad abbattere un simbolo. Anche perché di mafie parlo in televisione, perciò mi rivolgo a un pubblico largo, e lo faccio trasversalmente, a destra e a sinistra.»

Roberto è anche l'unico scrittore italiano a essere citato in giudizio da un primo ministro, è stato processato e condannato e ha ancora dei processi in corso perché in un'altra occasione ha definito Salvini *ministro della malavita*, citando Gaetano Salvemini, che usò la stessa definizione per Giolitti.

«Succede quando di fronte alla presidente del Consiglio Giorgia Meloni, che definisce una nave-ambulanza che soccorre migranti disperati una nave di trafficanti, aggiungendo che quelle navi che salvano vite debbano essere affondate, dico 'bastardi'. E lo dico volutamente, perché la ritengo una cosa da infami. Ho pensato erroneamente che la democrazia potesse consentirmelo. Ma la rivendico, nel senso che io volevo proprio arrivare a stigmatizzare quel comportamento con una parola forte, radicale, non politica, non educata. È una rabbia consapevole, spendo quelle parole ma non mi escono d'istinto, c'è dell'emotività fortissima ma le scelgo.»

La sua è una rabbia che viene da lontano. Da quando, adolescente, vedeva la sua terra deturpata, assisteva alle prime morti per strada, scopriva che Don Peppe era stato assassinato. Una rabbia che ancora oggi non si spegne. Roberto vive in una dimensione in cui il suo corpo coincide con il suo impegno, con il suo lavoro. «Avrei voluto essere capace di distinguere, di separare, e invece... Il mio corpo diventa testimone di quello che vive, di quello che dice. Io pago le conseguenze di quello che faccio. Altri che fanno il mio stesso lavoro no, perché sono giustamente cauti, prendono posizione solo all'interno del loro libro, del loro film, e si mantengono al riparo. Potessi tornare indietro costruirei una mia nuova vita. Assolutamente non da codardo, non è la mia indole, ma sarei più prudente. La prudenza non è un elemento negativo o ipocrita, eppure non l'ho avuta mai, non so perché.»

Forse perché dall'età di ventisei anni, quando arriva la sua condanna, è convinto di morire presto. Processi su processi con i mafiosi che sono perennemente in conflitto con lui, la protezione che aumenta, una parte di politica che non lo aiuta, la società civile che lo ama, ma non riesce a raggiungerlo e proteggerlo. Allora si butta dentro le fiamme, ovunque. C'è una battaglia e lui ci è dentro. Si mette sempre nei guai. «La mia condanna mi ha portato come a vederla da lontano, la morte. E quando la osservi, quando la racconti non ti fa più paura, la senti amica. La mia vita, invece, per come è diventata non riesco neanche più a vederla, mi fa paura. Ho il terrore di continuare a vivere così, crisi di panico, letteralmente, mi manca il fiato. Devo dirmi che sono al sicuro, inizio a sudare, perdo il sonno molte volte per questo.»

Nel tempo sono pochissimi gli amici scrittori al suo fianco. Tra questi, c'è Michela Murgia. A un certo punto si trovano così, perché vengono bersagliati, si conoscono e iniziano a volersi un bene lontano. La loro è un'alleanza politica, nel senso che scelgono insieme come procedere su molte cose. «Uno dei pochi momenti in cui ho pensato che le mie parole potessero servire a qualcosa è stato al funerale di Michela. Lei ha voluto che io lo scorso agosto parlassi pubblicamente. Non volevo perché era stato, è stato e continua a essere un dolore costante, da cui non riesco a uscire. Quando decido di pronunciare quelle parole sento che sono servite a tenere insieme una comunità, un mondo per cui Michela ha scelto di vivere e per il quale ha pagato un prezzo altissimo.»

Prigioniero, con la vita desertificata e completamente solo a difendersi, Roberto deve subire anche un'altra conseguenza, forse la più dolorosa, per la battaglia che ha deciso di ingaggiare: il distacco da tutti i suoi cari è totale, e lui ammette anche colpevole, perché non sa gestire gli affetti. Parla poco con la sua famiglia, si lascia con la fidanzata Serena, mantiene rapporti con meno persone possibili. Tutto gli sembra sempre sul punto di precipitare e ha paura di rovinare la vita delle persone con la sua presenza, perché se qualcuno lo vuole attaccare politicamente si attacca anche a chi gli è vicino. I suoi amici di quando era giovane, l'ex fidanzata, il fratello, i suoi genitori continuano a essere identificati con lui e su di loro si riversano pregiudizi, domande, pressioni. «Ho dentro di me un peso gigantesco che, ne sono consapevole, non mi lascerà mai. Le mie scelte hanno distrutto me, ma hanno distrutto soprattutto chi mi era intorno, che non aveva scelto. Uso una parola troppo carica e forse iperbolica, ma diciamo che hanno *spezzato* un percorso di vita. Hanno dovuto difendersi da me, hanno dovuto rispondere al mio posto. Allora io ho fatto una cosa, non so se ho fatto bene: sono sparito dalla vita di tutti. Loro probabilmente pensano che sia stato solo distratto. Io invece l'ho fatto con grande consapevolezza e sono riuscito nel mio intento. Credo che loro non si considerino molto amati da me, sono abbastanza in pace su questo. La mia vita è diventata un vero inferno e a un certo punto ho capito che non era più rimediabile.»

Comincia ad avere paura. I Carabinieri sempre armati, molto tesi a seconda delle fasi, lo condizionano. Ha paura anche degli amici. Si convince che la pressione che stanno vivendo possa spingerli a tradirlo inventando delle cose, dando informazioni su di lui per delegittimare la sua figura, sempre più in vista.

«Un giorno sono in Germania e mi arrivano delle carte online per fare un articolo su una grande azienda dolciaria italiana che, secondo le accuse, era infiltrata dalla camorra. Mentre studio i documenti in un albergo ricevo una telefonata del vicedirettore del giornale. Mi informa che mio padre è coinvolto nell'inchiesta. Io me ne voglio occupare comunque e mi succede una cosa bruttissima: quando mio padre mi dice che lui non c'entra assolutamente niente, non gli credo. 'Ma che cazzo è? Qui dicono che tu hai avvicinato delle persone, mi stai mentendo' faccio io urlando e sbatto la mano sul tavolo così forte che lo rompo, pieno di rabbia, ferendomi la mano.»

Il procuratore di Napoli, quindici giorni dopo, incalzato dai giornalisti, comunicherà che si tratta di un omonimo.

Anche i successi, Roberto, se li vive sempre per metà, come se non potesse mai essere felice, pieno di sensi di colpa, come se dovesse sempre pagare un dazio. La parte ombrosa prende il sopravvento. Non si gode i premi che gli vengono conferiti, l'unica soddisfazione è quella di far radicare la sua lotta al crimine. «Non ho saputo capitalizzare i risultati ottenuti, è come se non ci fossero, come se li dessi per scontati e se ne parlo è sempre per la mia battaglia. Quando vinco l'*Orso* a Berlino, ad esempio, penso subito di dedicarlo alle ONG che salvano vite in mare.»

I suoi risultati sono stupefacenti. Un'altra persona non sarebbe stata in grado di ottenerli neanche in dieci vite, eppure Roberto si dichiara profondamente infelice. La sua solitudine è totale.

«Sai, mi viene in mente la frase di Karl Jaspers, *ciò che per altri è la perla, per la conchiglia è la malattia*. Gli altri dicono 'ma come? Guarda qua che cosa hai ottenuto: riesci a vivere del tuo lavoro di scrittore, guarda che perla.' In realtà quella è la malattia.»

Crede di aver sbagliato tutto, di aver buttato la sua vita. Sente di aver perso perché, dopo tutte le battaglie e i sacrifici, dell'elemento Antimafia, di ciò che rappresenta, non se ne parla più. Arriva a poco a poco la verità, ma scompare l'attenzione. Non è riuscito a ottenere quello che immaginava: una costante forza in grado di poter raccontare, sorvegliare, avere risorse per combattere il crimine.

Roberto non si rende conto che il giorno in cui non ci sarà più resterà una persona incredibilmente iconica. Ha lasciato qualcosa di molto importante alla nostra società, ma oggi riesce a vivere solo nel tormento, a concentrarsi unicamente su quello che lo fa soffrire, senza sapere come navigare la parte bella della sua esistenza. Spero possa essere capace, un giorno, di girare la prua e scegliere una via più laterale, dove trovare maggiore felicità. Gli auguro di cuore di concedersi una seconda vita.

Con il cuore, da Roberto Saviano

Cosa rende un intervistatore speciale? Cosa rende le sue interviste particolari? Ha uno stile, l'intervistatore, al pari della voce del narratore? Ha un'abilità l'intervistatore? E se sì, quale? Magari qualcuno penserà – e non sa quanto si sbaglia – che a fare domande potrebbe essere lo schermo di un computer, soprattutto quando c'è una redazione che stabilisce e decide temi e tempi.

Ma l'intervista ha una sua semantica, ha una sua chimica e molto dipende dalla capacità dell'intervistatore di modificare il proprio modo di porsi rispetto a chi ha davanti, pur restando fedele alle proprie idee, al proprio metodo. La risposta, quindi, è sì: l'intervistatore ha un suo stile, ha un suo metodo, ha una sua voce e ha, soprattutto, un suo personalissimo talento. Strumenti che consentono di entrare in sintonia con l'intervistato (più facile, perché è una persona fisica che spesso gli è davanti) e con il suo pubblico, con i destinatari di quella intervista, di quella storia, di quel viaggio. Molto più difficile, questo, perché si tratta di tante persone diverse tra loro. Come appassionarle tutte? Come fidelizzarle? Come conquistare la loro attenzione? Come riuscire a farsi regalare ciò che di più prezioso oggi esista: il tempo? E come si misura il talento dell'intervistatore? Da ciò che dice l'intervistato, che risponde a una sollecitazione. Quanto più la sollecitazione toccherà i tasti giusti, nella maniera giusta, tanto più l'intervista sarà interessante e a chi ascolta verrà il desiderio che possa non finire, che possa avere un seguito, che non si esaurisca tutto nei canonici cinque minuti, su cui ci hanno fatto il lavaggio del cervello... ragion per cui un algoritmo ha stabilito che oltre quella soglia l'attenzione non regge.

Ma arrivo al punto: cosa porta migliaia di persone ad aspettare il video successivo, il nuovo podcast, l'ultima intervista di Luca Casadei?

Il suo enorme talento, un talento che forse non sarei riuscito a comprendere fino in fondo se, a un certo punto della mia vita, non avessi sentito il desiderio anche io di sedermi nel suo studio, davanti a lui per la mia intervista a «One More Time». C'è chi definisce le sue interviste vere e proprie *sedute psicanalitiche*, cosa che non sono, perché l'obiettivo delle sedute psicanalitiche, e il metodo con cui sono condotte, ha tutt'altro scopo.

E quelle di Luca non sono interviste politiche, non spingono l'interlocutore a dare un'interpretazione politica della realtà. La forza di Luca risiede per me in questo: far sentire al sicuro il suo interlocutore ma non comodo. Quindi sicuro sì, ma sempre sbilenco e questo è fondamentale nelle interviste.

L'intervistatore che fa sentire sotto minaccia l'intervistato, non si pone come obiettivo il racconto, ma vuole rimarcare le contraddizioni in chi ha davanti; queste sono le interviste che spesso si fanno ai politici, per arrivare al nucleo dei fatti, talvolta anche per stanarli, per coglierli in fallo. Non è il caso di Luca, con lui sai che non ci sono agguati, nessun retropensiero: domande dirette, anche personali, ma mai ambigue. Allo stesso tempo, l'intervistatore che fa sentire comodo l'intervistato corre il rischio di sottrarre teatralità all'intervista, e la teatralità è fondamentale perché tra chi si sta raccontando e chi ascolta possa crearsi quel legame che certifica l'interesse. Quindi con Luca sei al sicuro ma non sei comodo; non ti senti minacciato, non ti senti giudicato, nessuno vuole stanarti, ma non abbassi la guardia, perché tenerla alta stimola il ragionamento, ti fa andare nel profondo e consente di raggiungere autenticità.

Tutto questo, però, è possibile solo se ci si concede del tempo, e proprio qui sta il miracolo che si rinnova a ogni intervista di Luca Casadei. Spazio e tempo sono due categorie che oggi, nelle interviste, sono considerate veleno perché entrerebbero in collisione, secondo le previsioni del temutissimo algoritmo, con il tempo che gli utenti hanno a disposizione e quindi avrebbero una ricaduta sulla viralità, sulla diffusione.

Potrei dire che Luca Casadei è l'eccezione che conferma la regola, ma penso invece che Luca abbia profondo rispetto per chi ascolta le sue interviste e penso che abbia avuto il coraggio – che è di pochi – di dare fiducia ai tanti che lo seguono contando sulla capacità di tenere alta l'attenzione per un contenuto che spesso ha la durata di un lungometraggio.

Roberto Saviano

“GUIDO BRERA”

Investire tempo nelle emozioni

Con un bisogno d’attenzione e d’amore
Troppo, se mi vuoi bene piangi
Per essere corrisposti

Sono i versi di una canzone che si chiama *Amico fragile*. Fabrizio De André la scrisse in una notte, da ubriaco, in un garage della Costa Smeralda. Parole meravigliose che Guido Brera cita durante la nostra intervista per spiegarmi che l’unica forma di sicurezza che pensa di avere è quella di mostrarsi insicuro.

«One More Time» è il posto giusto per parlare delle sue fragilità. Le persone belle sono quelle che hanno conosciuto la sconfitta, la sofferenza, lo sforzo, la perdita e hanno trovato la loro personale via per uscire dal buio. Sono uomini e donne che hanno guadagnato stima, sensibilità e comprensione dalla vita, riempiendola a loro volta di compassione, gentilezza e profondo amore verso gli altri.

Si fa presto a capire che Guido è dotato di qualità sorprendenti: è bello, intelligente, colto e umile. È capace di parlare con semplicità di argomenti complessi come quelli finanziari, ha un bagaglio di conoscenze incredibile ma allo stesso tempo un intuito eccellente per le idee innovative. Eppure tende sempre a sminuirsi, resta sullo sfondo, imbarazzato, come se non volesse essere ingombrante. Anche lui ha una storia di cadute e risalite, come tutti noi, e io adoro imparare da chi non ostenta quello che sa. Le persone belle lavorano tanto per diventarlo, e questa storia lo dimostra.

Guido Brera nasce a Roma il 27 agosto 1969, l'anno in cui un uomo mette piede sulla luna per la prima volta. Per parlare della sua infanzia ha bisogno di collegarla ai tempi. «Per la nostra generazione era tutto più facile. Tanto per cominciare, i genitori non si occupavano moltissimo dei figli. E poi si dava più valore alle cose, le sapevi apprezzare, eri meno bulimico nei consumi, non solo nell'acquisto. C'era proprio un tipo di pensiero più lento.»

Sua mamma si chiama Palmira, detta Mirella, ed è casalinga. Fa il bene dei suoi figli levando sempre qualcosa da quello che inizialmente aveva pensato di dargli. È molto presente, non per la quantità ma per la qualità del tempo che passa assieme a loro.

Per spiegarmi meglio il rapporto che ha avuto con la sua mamma, Guido racconta che non mangia l'uva se non è sbucciata e senza semi. È stata lei a viziarlo su questo. Un giorno, da adulto, le chiederà i motivi di questa sua scelta. «'Dopo il pranzo o la cena', mi disse mia madre, 'per sapere cosa ti passava per la testa, capire se qualcosa era successo a scuola, cosa volevi fare da grande, cosa avevi dentro al cuore, come facevo a tenerti seduto al tavolo? L'unico modo per averti per quei dieci minuti tutti i giorni era sbucciarti l'uva'. Mi ha creato un disagio ma ne è valsa la pena, è stato un tempo che mi ha lasciato moltissimo.»

Guido ha un fratello di dodici anni più grande. Hanno un ottimo rapporto. Suo padre, Roberto, lavora come funzionario di banca. È napoletano, di nobili origini. Gira vestito in modo non particolarmente curato, ma è elegante di suo, un uomo affascinante che non ha necessità di mostrarsi bello. «Mio papà mi leggeva i libri e io non volevo mai. Non capivo allora che quello che leggeva era quello che mi voleva dire. Mi ha insegnato Shakespeare, gli scrittori contemporanei, i grandi classici. In ogni momento sceglieva la lettura giusta per lasciarmi interiorizzare il suo messaggio.»

Guido vive un'infanzia semplice, molto formativa, almeno fino ai quattordici anni. Cresce per le strade di una zona popolare di Roma, non così aspra – San Saba, Testaccio – e frequenta una scuola elementare pubblica dove c'è di tutto, dai figli della media borghesia ai ragazzi con un retroterra difficile. «Avevo la parrocchia vicino, c'era un campo da pallone, un muro contro cui giocare a tennis, un parco. Nessuno si preoccupava apparentemente di me.»

Già da piccolo vuole fare lo scrittore. Gli piacciono le materie umanistiche. La matematica invece la odia, non la capisce proprio. Per frequentare le medie i suoi genitori lo iscrivono a un collegio maschile. Separarsi dall'universo femminile lo porta a rimandare le relazioni con l'altro sesso, infatti il primo bacio lo dà tardissimo, quasi alla fine del liceo classico. «Io sono molto complicato. Sono prigioniero della mia ambizione. Per esempio, trovo molta difficoltà a tradire. È proprio una scelta, la mia. Una questione di ego. Non ho nulla contro chi non è monogamo, però la monogamia può anche essere una forma di grande presunzione, e nel mio caso lo è: il fatto di voler ogni volta avere la certezza che quella scelta è la scelta migliore del mondo.»

Non sa bene cosa fare alla fine della scuola. Forse vorrebbe studiare Medicina o Lettere e Filosofia, ma alla fine si iscrive a Economia alla Sapienza. Torna così all'istruzione pubblica, che oggi considera sia stata cruciale per la sua formazione.

Il settore in cui Guido farà carriera è la finanza. Fare finanza, mi spiega, vuol dire cercare di investire in settori o aziende che funzionano rispetto a settori o aziende che non funzionano. Lo puoi fare in tanti modi. Puoi usare un approccio metodico, con formule matematiche, sfruttando l'informatica, la tecnologia, la scienza – come la maggior parte delle persone fa – oppure puoi sfruttare le tue idee, cercando di essere contemporaneo e provando a vedere il mondo un po' da fuori.

«Lo scrittore David Foster Wallace, in un bellissimo speech che tiene in un college, lo stesso anno in cui Steve Jobs fa quel famoso discorso sul *siate affamati, siate folli*, racconta una storiella: ci sono due pesci giovani in un acquario, arriva un pesce anziano e gli dice ‘com’è l’acqua oggi?’ I due pesci giovani si guardano e rispondono ‘che cos’è l’acqua?’ La finanza diventa quell’acqua. Se ci sei dentro devi cambiare lavoro. Se invece riesci a stare fuori e a vedere anche da lì cosa c’è dentro l’acqua, allora può essere che tu abbia successo.»

Guido la matematica la conosce poco, e l’informatica non esiste ancora, perciò sfrutta quello che gli ha insegnato il liceo classico. «Studiare latino e greco ti apre la mente, ti dà una forma di pensiero, ti insegna veramente a riflettere. E io, nella mia vita, il successo l’ho avuto solo grazie alle mie idee.»

In Italia veniamo cresciuti con l’idea che non si debba mai sbagliare. Ma non è così. Gli errori sono necessari per sperimentare ed esplorare le varie possibilità, è questo che permette di individuare la decisione migliore. Se hai un’idea ma sei stato educato a pensare che sbagliare sia qualcosa da evitare a tutti i costi o di cui vergognarti, il terrore del fallimento ti paralizzerà. L’errore fa parte della natura umana, non siamo impeccabili, ci serve osare e sperimentare per trovare il nostro posto nel mondo.

Guido ha sempre investito in società quotate. Fosse anche l’ultima cosa che farà nel mondo della finanza, oggi si è ritagliato del tempo per imparare a gestire dei Venture Capital. Sono fondi che investono in start up, in società non quotate, e premiano le nuove idee.

Uno dei motivi che mi ha spinto a intervistare Guido è la sua capacità di parlare di finanza e investimenti in modo semplice. Durante la mia esperienza professionale, avrei voluto qualcuno che mi spiegasse in modo chiaro ed efficace alcuni meccanismi utili alla gestione delle mie attività imprenditoriali. Purtroppo non l'ho trovato, e ho commesso tanti errori che avrei potuto evitare. Mi auguro che ai tanti giovani con un'idea di business quest'intervista possa servire per essere più concreti e ordinati di come sono stato io in passato.

La passione per la scrittura non abbandona mai Guido. La alimenta scrivendo lettere. Quando un amico lo fa arrabbiare, ad esempio. Non per chiudere, perché se pensa che qualcuno gli abbia fatto del male o lo abbia offeso, non esprime mai i suoi sentimenti. Concepisce la lettera solo come atto d'amore. «Si dice *amicus Plato, sed Magis amica Veritas*. Vuol dire: Platone mi è caro ma la verità è ancora più mia amica. Per me che non alzo la voce, che non ho mai urlato in vita mia – e questo è un mio problema, perché lo dovrei cercare il conflitto ma non lo faccio mai – la lettera è l'unico modo che ho per salvare un'amicizia. Scrivo, ti apro il mio cuore, esprimo la mia passione. Ne è sempre valsa la pena.»

La rabbia se la tiene tutta dentro. Anche il dolore. Non ha mai pianto, neanche quando è morto suo papà. È stato con lui fino a tarda notte, alle sei di mattina ha preso un aereo per Milano, dove aveva un importante impegno di lavoro, e ha fatto come se non fosse successo nulla. In realtà, tutto è successo dentro di lui. Non riesce in nessun modo a manifestare le sue emozioni, e lo vedo rassegnato al riguardo. È come se non ci fossero più tempo e spazio per il cambiamento. Mi dispiace davvero che una persona così intelligente e solare, aperta alla vita, a soli cinquant'anni dica di essere troppo vecchia per cambiare.

«È come uno che fuma fino a sessant'anni. Ormai ha fatto talmente tanti danni fumando che va avanti così. Io la vivo in questo modo. Forse avrei dovuto imparare a tirare fuori le cose, a parlare, incazzarmi, urlare, prendere a schiaffi qualcuno, invece non l'ho mai fatto e lo sto pagando con la salute. Spero di non dover pagare un prezzo ancora più alto.»

Durante l'intervista con Vittorio Sgarbi, lui mi ha insultato ferocemente. Abbiamo tagliato l'80% delle cose scurrili che mi sono state dette. Sapevo che non stava inveendo contro di me, ma verso l'universo intero. Un tempo l'avrei vissuta personalmente, quell'aggressione. Avrei reagito a quella rabbia con la stessa modalità. Ho passato tutta la mia vita a trovare i difetti negli altri, senza pensare che dentro gli atteggiamenti delle persone ci sono molte informazioni di cui possiamo fare tesoro per capirli meglio, e in questo modo essere più comprensivi e amorevoli con il prossimo.

Il metodo Hoffman, che ho affrontato quindici anni fa, mi ha insegnato ad analizzare le cose, a non far subentrare la parte emotiva e a capire qual è il mio obiettivo, a saper contare fino a dieci e a pensare ciò che in quel momento è più importante, a non farmi minimamente condizionare dalla collera o dalla felicità, perché quando siamo troppo arrabbiati o troppo felici non facciamo mai la cosa giusta. Quindi quel giorno sono riuscito a rispondere alla provocazione di Vittorio Sgarbi chiudendo l'intervista. Ho cercato di non parlargli sopra, e gli ho detto «abbiamo finito». Così facendo ho disinnescato la sua rabbia. Mi sono accomodato in camerino ad aspettare che lui se ne andasse prima di uscire a rasserenare il mio team, che era rimasto pietrificato. Ero molto tranquillo, ma non avevo voglia di continuare quel conflitto verbale. Dopo soli venti minuti, lui è venuto a chiedermi scusa e mi ha domandato di proseguire l'intervista.

«La finanza è un corpo a corpo con lo stress, ancora di più per uno come me che non aveva gli strumenti per farla al meglio. Si prova un dolore costante derivante dal *te contro tutti*. Puoi avere anche le idee migliori, ma per riuscire a fare bene quelle idee si devono verificare. Quando tutti guardano un'opportunità, vuol dire che ce n'è un'altra che sta nascendo. Se pensi di fare buoni investimenti guardando dove guardano tutti, non li farai mai. Devi farli dove la gente non guarda, ma quando vai a vedere dove la gente non guarda per un po' sei solo, perché tutti guardano da un'altra parte. Quando fai quelle analisi, i primi mesi sei solo. E quando le devi applicare agli investimenti sei ancora più solo, hai sempre tutti contro. È lì che devi gestire il tuo dolore, perché la solitudine io la amo alla follia, ma quando si tratta di investimenti è una brutta bestia.»

La prima moglie di Guido si chiama Giuliana ed è una scienziata. Sono giovanissimi quando si conoscono, due ragazzini completamente pazzi e abbastanza fuori dal comune.

La scienza non l'ha mai applicata neanche nel suo business, ma il lato un po' hippie, più selvaggio, e il profondo legame con la natura di Giuliana appartengono molto anche a Guido. In mezzo a un bosco lui è l'uomo più felice del mondo.

Dopo essersi laureato a ventidue anni con 110 e lode discutendo una tesi sulla valutazione d'azienda, Guido fa l'esame di stato per diventare commercialista e lavora per un po' di tempo all'università come ricercatore. È bravo, ma non ha gli agganci giusti. Tramite un cugino trova lavoro a Milano, in una società che esiste ancora oggi: Fineco.

Un giorno, visto che sa andare a vela, il suo capo lo coinvolge in una regata in Egitto. Dopo quell'esperienza lo prende sotto la propria ala, e così Guido incomincia a imparare. Lavora la notte con il NIC, l'indice nazionale giapponese. Nessuno lo vuole seguire e lui lo fa molto bene. Poi ha la fortuna di vedersi assegnato un fondo di investimento: per due anni di seguito sarà il miglior gestore in Italia.

Grazie a questi risultati, lo cerca una società più grande. Ci lavora tre anni e nel 1999, a ventinove anni, insieme ad altri tre soci, fonda Kairos, una società di investimento in *hedge funds*. Li chiamano fondi speculativi, ma in realtà sono dei fondi che fanno soldi sia quando il mercato sale, sia quando il mercato scende. Si chiamano appunto *hedge*, che in inglese vuol dire *copertura*. A prescindere dal mercato, ti danno delle occasioni di fare profitto, e quindi ci vuole un tasso di specializzazione abbastanza elevato per usarli. In finanza se hai delle performance buone la gente ti viene a cercare. Kairos inizia a raccogliere soldi da sempre più clienti, diventa uno dei migliori gestori d'Europa.

Guido lavora a Londra, nel weekend torna a Milano dalla famiglia ma il suo rapporto con la natura è così totale che vivere in quella città lo ammazza. Ha sempre bisogno di evadere, di tornare all'aria aperta, alla sua dimensione. Lui e Giuliana decidono perciò di andare a vivere in montagna, in un paese che si chiama San Vigilio di Marebbe, a cui Guido è molto legato per il tipo di cultura, di autentica tradizione. Sua moglie lascia momentaneamente l'università e il dottorato di ricerca. «Penso di essere stato il primo a fare smart working in Italia nel lontano 2007.»

Guido ci prova in tutti i modi a tenere in piedi il suo matrimonio, ma vede che Giuliana non crede più nella coppia. È uno spirito libero e non può essere incatenata.

«Non ero portato per la separazione. Il giudice disse 'guardi, Brera, il matrimonio si fa in due, devono essere d'accordo entrambi i coniugi, per la separazione invece ne basta uno'. Chiesi comunque di mettere a verbale che io non avrei voluto. Anche se non avrebbe cambiato le cose, ho voluto che lo scrivessero. Una cosa meravigliosa del cristianesimo è che puoi sbagliare perché Cristo ti libera dai peccati. Puoi aver fatto una vita da peccatore ma puoi ricominciare anche a novant'anni, Dio è pronto al perdono. Anche se commetti il peggior delitto, ti puoi confessare e il sacerdote ti può assolvere. Se ti separi invece sei fuori dalla Chiesa, non puoi ricevere la comunione. Questa cosa è incomprensibile per me e da credente mi fa molto soffrire.»

Quando si separano, Guido deve fare degli sforzi economici e convincere i suoi soci ad accettare che per alcuni periodi sarà latitante per restare a vivere in montagna. Una settimana sta con i figli e una settimana in giro per Milano, Londra o dove capita.

In quel periodo anche dal punto di vista lavorativo sta vivendo un momento di difficoltà. È tutto il mondo finanziario a viverlo, per il fallimento della Lehman Brothers. Non è mai fallita una banca, fino a quel momento era una cosa impensabile, e scoppia un finimondo. «Una banca ha un valore intrinseco molto forte. Esiste un patto tra cittadino e Stato: tu cittadino risparmi, ma io governo garantisco che le banche dove tu metti i soldi non falliscano. È un grave errore far fallire una banca.»

A causa di questa crisi finanziaria, il business degli *hedge funds* soffre moltissimo, così Guido e i suoi soci decidono di chiudere l'ufficio di Londra, bruciando un business molto prestigioso, per ridare indietro tutti i soldi ai clienti. Sono molto coraggiosi, disciplinati, ordinati, e pensano a preservare la reputazione. È una scelta sofferta, ma come tutte le scelte ragionate funziona bene.

«Si poteva decidere di mettere il *gate* al cliente – *gate* vuol dire *cancello* – e dirgli 'io i soldi non te li restituisco'. Molti colleghi lo fecero. C'è una scena molto bella nel film *La vita è una cosa meravigliosa* di Frank Capra. C'è la fila per entrare in una delle banche più solide della città, un papà col figlio sono in attesa di depositare i soldi. Il figlio dice 'papà, ma perché stiamo facendo la fila?' e il padre risponde 'perché questa è una banca molto solida, le banche se non sono solide falliscono'. Quello dietro al bambino capisce che le banche stanno fallendo, e pian piano la voce passa lungo la fila e si decidono tutti a ritirare i soldi portando davvero quella banca al fallimento. Questo per dire quanto un'onda a volte solo emotiva possa produrre una catena di eventi incontrollabile: i clienti ti chiedono i soldi indietro, salta una banca, salta un intero sistema finanziario.»

In questo ciclo di cadute e risalite che fanno parte delle montagne russe della vita, per Guido nel 2009 c'è spazio anche per un nuovo amore. Un giorno è in barca con delle amiche. Loro hanno una rivista in mano, stanno facendo dei commenti sull'aspetto fisico di un bellissimo ragazzo. Allora si avvicina e nota che nella foto c'è anche una donna, pure lei niente male. Diversi mesi dopo Daniela, una delle amiche che erano in barca quel giorno, gli dà appuntamento dicendo che ci sarà anche la ragazza della foto. È allora che incontra per la prima volta Caterina Balivo. Le dice che fa lo scrittore, e lei lo invita in trasmissione a presentare il suo libro. Lui ne rimane colpito. «Lei è molto solare, frizzante, e mi sembra pure una mezza pazza. Mi colpisce, in senso positivo, la sua leggerezza. In più è molto bella, mi piace molto, perciò le scrivo una lettera. Da quel momento iniziamo a vederci. Mi conquista quando, un giorno, la porto in questa specie di stanza dove dormo, in montagna, siamo io lei e i miei due figli, e lì la conosco per quello che è davvero. È capace di modulare la superficialità del mondo dello spettacolo, di alternarla con una parte più profonda. Suo padre è preside in una scuola, la mamma insegna alle elementari in zone complicate – Aversa, Secondigliano, Scampia. Caterina è cresciuta in una famiglia sana all'interno di un contesto complesso. Sta in televisione, ha grande successo, però in realtà se scavi è una donna con le sue fragilità. Questa sua contraddizione mi ha fatto innamorare.»

Per una persona come Guido, abbastanza solitaria, è una grande sfida stare con una donna di spettacolo, che frequenta un mondo collettivo, corale, frenetico e che trova energia nello stare con gli altri, quindi è molto complicato, lo è stato all'inizio e lo è tuttora. «E poi lei ama viaggiare, ed è un altro motivo di dissidio. Ho già viaggiato tanto per lavoro e ora fatico a farlo. Io amo stare in un posto, fermo, aggrappato proprio al nulla.»

Quando vediamo una coppia felice dobbiamo pensare che quella felicità va guadagnata ogni giorno. O c'è un amore forte alla base oppure la coppia salta. Nulla che abbia davvero valore si ottiene senza sforzo. Non possiamo amare pienamente se non riusciamo a metterci in ascolto e ad arrivare a un compromesso con l'altro.

A Roberto e Costanza, i figli avuti con Giuliana, si aggiungono Guido Alberto e Cora, nati dall'amore con Caterina.

«Una delle gioie più grandi della mia vita è vedere questa famiglia scassata, scombinata, complicata, complessa, composta da individui con caratteri anche molto diversi, non mollare. Sta ancora lì, bella da vedere in tutte le sue imperfezioni.»

Guido e i soci di Kairos riescono a superare la crisi finanziaria. Per fortuna Milano funziona molto bene e, passato il momento critico, ripartono senza troppa fatica. Mentre la sua carriera in finanza prende il volo, Guido continua a sognare di fare lo scrittore.

Decide allora di scrivere del fallimento di uno Stato. Vuole dare onore alla finanza, ma fare un grande atto d'accusa alla politica che, dall'inizio degli anni Settanta, a mano a mano si è ritirata dalla scena, ha lasciato le decisioni più importanti al mercato. A seguito del fallimento della Lehman, le banche centrali stampano denaro per salvare l'economia. È un po' un gioco di prestigio, un diavolo che si sostituisce alla politica.

«La seconda legge della termodinamica, teorizzata da un fisico scozzese che si chiama Maxwell, dice che si può trasformare tutto quanto il calore in energia, a meno che non ci sia un diavolo che mette ordine tra le molecole calde e le molecole fredde, quindi il caldo col caldo e il freddo col freddo, così da preservare completamente l'energia. Siccome quel diavolo non c'è, allora esiste l'entropia.»

I *Diavoli* è la sua prima opera letteraria. Guido è uno scrittore esordiente, non ha un pubblico, deve fare gavetta. Si prepara, studia e scrive tantissimo. Sente che l'idea è quella giusta. Tra l'altro ha conosciuto uno scrittore, Walter Siti, di cui diventa molto amico, sarà anche suo testimone di nozze. Siti vince il Premio Strega con un libro che si chiama *Resistere non serve a niente* ed è in parte ispirato, per sua stessa ammissione, alla vita di Guido. «Quando Walter scrive quel libro, lo scambio è chiaro: io ti aiuto dicendoti delle cose su di me, tu mi assisti per il mio romanzo.»

Siti gli insegna molte cose, e Guido sceglie oculatamente la casa editrice adatta al suo esordio: Rizzoli. Non ha un approccio commerciale, non ne ha mai avuto bisogno. In finanza gestisce i soldi, fa le performance, con le performance lo cercano i clienti. Nel mondo editoriale si deve invece rimboccare le maniche, deve imparare a fare un *pitch* e vendersi. Quando, durante l'incontro con l'editore, gli chiedono di cosa parla il libro, lui si ingegna e come prima cosa chiede di spegnere le luci della stanza.

«Restammo al buio, presi il cellulare e iniziai a illuminare delle cose. 'Ecco, il libro parla di questo' dissi. 'Ti faccio vedere le cose che gli altri non guardano, illumino dei coni d'ombra. Chi muove quel faro sono i diavoli e te li racconto'.»

Funziona perché c'è un'idea nuova. La finanza, fino a quel momento, era stata rappresentata a Wall Street, con i broker a farsi di cocaina e andare a donne.

«La sfida è raccontare qualcosa di diverso: il nuovo finanziere, quello che si nasconde. E si nasconde non perché ha un peccato originale da occultare, ma perché esercita un ruolo che a volte non è nemmeno il suo, che nemmeno vuole, come quello di dover investire in titoli di Stato che possono fallire.»

Inoltre, a scrivere è un personaggio oggettivamente nuovo: non un giornalista che scrive un saggio, non uno scrittore ingaggiato da chi fa finanza per scrivere un romanzo, bensì uno che nel settore ha ottenuto dei successi importanti e che sa le cose da dentro.

Quello di Guido è un insegnamento importante per chiunque voglia avviare un business. Quando fai un prodotto, devi offrire qualcosa di nuovo. A volte i giovani hanno troppo entusiasmo, espongono la propria idea come la migliore del mondo, si sentono Steve Jobs. In altri casi sono incapaci di raccontare la loro visione. Il fatto che a fare quella cosa non ci è mai riuscito nessuno e saper spiegare perché tu saresti in grado di riuscirci è la strategia vincente quando presenti il tuo progetto a qualcuno che deve investirci.

Il libro esce nel 2015 e ha molto successo. Per Guido è un sacrificio esporsi pubblicamente, ma deve fare promozione. Va in TV per fare un paio di interviste, una con Lilli Gruber e l'altra con Daria Bignardi a «Le Invasioni Barbariche». Funzionano entrambe molto bene. «Sono arrivato con la camicia bianca, la cravatta blu. Non c'era Macron, e Renzi ancora non aveva adottato quel look. Ero una novità anche per quello.»

Guido ha poi l'intuito di capire che la storia si presta bene a diventare una serie televisiva. Kim Rossi Stuart, che è un amico, gli presenta il suo agente. Quando lo incontra, Guido si sente dire: «Se vuoi essere mio assistito, non metti un euro nella produzione, fai la tua strada, stai insieme agli altri, prendi calci in culo dal produttore e impari». Di calci Guido ne prenderà tanti, meritati e no.

Con l'entusiasmo di un ragazzino che si deve giocare la sua grande partita, si dà subito da fare. Intanto capisce che deve proporsi a Sky. Sono gli anni di *Romanzo criminale*. Va da Andrea Scrosati, che io reputo una mente eccelsa, una persona molto illuminata e intelligente, e gli lascia il romanzo.

«Una domenica, mentre sono a San Vigilio di Marebbe, in montagna, mi arriva un messaggio: Andrea mi cita una parte del libro e mi dice 'lo voglio fare'.»

La storia viene quindi acquistata e Guido si trova a lavorare con Nils Hartmann, direttore delle produzioni originali Sky. È molto stimolante da un lato, molto duro dall'altro. Lavora tantissimo, anche sulla scrittura della sceneggiatura, non alla pari degli altri ma partendo dal basso, perché all'inizio lo trattano con sufficienza, non credono ne capisca qualcosa.

Il produttore invece è Lux, fortissimo in Rai, che sbarca su Sky per la prima volta. «Il papà di Luca, Ettore Bernabei, aveva studiato passo passo il romanzo. Quando lo incontrai aveva tutti i post-it nel libro, e la cosa mi commosse. Mi disse 'questa è l'ultima cosa che voglio fare, sono anziano, la voglio vedere finita' e ci mise tutto se stesso per portarsela a casa.» Sono tutti determinati a fare una produzione internazionale. Ingaggiano Patrick Dempsey e Alessandro Borghi. La prima stagione di *Devils* esce nel 2020.

Guido non si ferma mai. È tra i fondatori della prima ora di La Nave di Teseo, una casa editrice che nasce da un'idea di Elisabetta Sgarbi. «Mi chiamano Edoardo Nesi e Sandro Veronesi, entrambi di Prato, entrambi molto amici, mi raccontano la storia e dico ‘facciamolo’.» Ha sempre voluto fare lo scrittore, gli interessa conoscere il mondo dell’editoria, del *publishing*, stare con dei professionisti, osservare quel business. Non è uno scherzo metterci i soldi, ma lui crede nel progetto e si butta anche in questa occasione con molto entusiasmo. È un *trophy asset*, significa che è qualcosa di non replicabile con delle caratteristiche di attrattività uniche nel mercato. «Una casa editrice con dentro Umberto Eco, un nucleo di scrittori, un *dream team* e un’editrice come Elisabetta Sgarbi, che è una bomba, una diva in tutti i sensi.»

Una bellissima foto ritrae Umberto Eco, al momento della creazione della casa editrice, solo tre mesi prima della sua morte. «Il giorno dello scatto, si discusse sulla questione *quando i giornalisti ci chiedono perché abbiamo fondato questa casa editrice, noi cosa dobbiamo rispondere?* E ci fu tutto un giro di tavolo, eravamo una quindicina, ognuno disse la sua. Poi parlò Eco e lì capii la portata della sua grandezza intellettuale: ‘Avete detto cose giuste, bravi, però rispondete semplicemente *perché si deve*’.»

Guido scrive tre libri, e da quattro anni combatte con un romanzo che non sa quando consegnerà. Crede sia l’ultimo che scriverà, la chiusura di un ciclo.

«In un mondo che gira così veloce, dove tutto si brucia, dove tre anni fa eravamo nel mezzo di una pandemia che poi è finita, poi è scoppiata una guerra, ne è scoppiata un'altra, non so dove andremo, però è cambiato tutto, è tutto velocissimo. Tra cinque anni magari si troverà la cura per il tumore, ma arriverà un'altra malattia. Oppure arriverà un'altra pandemia. Il potere nel costruire le idee e farle lavorare è quello di arrivare prima degli altri. Il podcast ha una potenza di accelerazione, di immediatezza, la capacità di essere una gemma trasformativa e mi è sembrata una cosa molto interessante.»

Chora è la *Podcast Media Company* che Guido crea insieme a Mario Calabresi e ad altri compagni di viaggio. Acquistano anche Will, una società che fa podcast, e Be Water film, una società di produzione. Tutto quello che può avere una ricaduta su un'opera letteraria passerà dalle case editrici, tra cui La Nave di Teseo. «Abbiamo fatto un bellissimo podcast molto ascoltato sulla Costa Concordia, *Il Dito di Dio* di Pablo Trincia, da cui abbiamo tratto uno splendido libro. Oggi Spotify non acquista più i prodotti, tu li carichi, sopra ci puoi mettere la pubblicità e usufruire di uno *sharing* con Spotify che ti aiuta, o puoi non mettercela, investire su un prodotto e monetizzarlo sui diritti secondari. Abbiamo anche fatto un lavoro massivo su una cosa che a me interessa moltissimo, una storia legata al Cile degli anni Settanta, al colpo di stato di Pinochet, con Evgeny Morozov, che è un grandissimo storico politico, esperto di tecnologia. Il podcast si chiama *Santiago Boys*, lo abbiamo fatto in inglese, un lavoro massacrante, e lo abbiamo caricato gratuitamente su Spotify. Lo trasformeremo in un film o in una serie. È un investimento importante, non ne puoi fare tanti.»

Prima tutto il mondo audiovisivo – quindi i film, le serie – partiva da un libro. La maggior parte delle volte è ancora così, ma oggi può succedere che tutto parta invece da un podcast. «Negli Stati Uniti è stata la parte digital che è cresciuta di più. I podcast sono cresciuti del 20%, contro il 4 dei social. Quindi, se guardiamo a quel Paese, stiamo guardando nella giusta direzione. Hanno anche fatto varie serie comprate da podcast. La tradizione orale è millenaria, ancor più della scrittura. Il podcast riempie i tempi morti di quando cucini, quando sei in macchina, quando fai sport, ecc. Poi ha una qualità in più: un concetto del tempo completamente rivisitato. Mentre tutti cercano di fare tutto in modo molto veloce, la gente è disposta a stare un'ora e mezza a sentire qualcuno parlare. Questa è una cosa nuova, forte, dirompente.»

Stare sempre alla ricerca di qualcosa di nuovo da imparare o da costruire è una costante che ha accompagnato Guido per tutta la vita.

Questa sua curiosità gli ha permesso di allargare i propri orizzonti, di sviluppare un pensiero critico su tanti temi, di dare spazio a nuovi pensieri e nuove riflessioni, di scoprire nuovi mondi.

«Vivere come se oggi fosse l'ultimo giorno in terra mi spinge a non godere mai di quello che ho realizzato e voler sempre cercare un'altra cosa. Ho già in testa quello a cui mi voglio dedicare prima di finire il progetto precedente. La mia è stata una vita presa a morsi, non ho tempo per l'orgoglio, ho da occuparmi di altro.»

Tutte le volte che ho fatto qualcosa di buono avrei voluto raccontarlo a mio padre. Anche io sono sempre stato bulimico di esperienze e severo con me stesso, incapace di godermi i passaggi decisivi della vita, forse proprio perché non potevo raccontarli alla persona che più di tutte al mondo avrei voluto riconoscesse i miei meriti. Ed è un vivere tossico, che non voglio più sperimentare.

Sono riuscito a cambiare la mia vita, a rallentare i ritmi, il tempo di stop del Covid mi ha permesso di capire che poteva esserci un altro modo di concepire il lavoro, un modo che non implicasse stare in ufficio venti ore al giorno, e la possibilità di viverlo senza sentirmi in colpa. Ho deciso di non avere più un cellulare e ho trovato il coraggio di dire ai miei soci che avrei continuato a esserci strategicamente, ma non più nel quotidiano: il 90% del mio tempo lo avrei dedicato alla mia persona, alle attività sportive, alla mia famiglia, al podcast, che è una cosa che mi fa stare bene, e il 10% al resto delle mie attività imprenditoriali.

È nella possibilità di ognuno di noi cambiare il proprio futuro. Un giorno spero che Guido possa trovare il tempo di essere fiero per qualcosa che ha realizzato e versare lacrime di felicità. Io sono qui che lo aspetto per sentirglielo raccontare.

Con il cuore, da Guido Brera

Non so dove.

E non ricordo quando.

Anzi, non so nemmeno se lessi qualcosa del genere o la pensai un giorno tanto tempo fa.

Si tratta della timidezza, di come nasce e se si può battere.

Ho capito che per me essere timido è una forma di egocentrismo, pensare di essere sempre al centro dell'attenzione.

Credere che tutti in quel momento stiano a pensare e a guardare quello che fai ti spinge a chiuderti, a essere più riservato, appunto più timido.

È un'iperbole con cui gioco spesso e ho deciso di portarla sempre con me.

Confondersi, quasi mimetizzarsi, mi dà sicurezza. Mi restituisce normalità e rigore.

Ogni volta che ho scritto di altri c'ero io. Dietro. Nascosto. Sul punto di apparire senza che questo accadesse mai.

Poi c'è «One More Time».

E in uno dei momenti più fragili scelgo di farmi guardare dentro, di raccontarmi.

Non conosco Luca e per scelta ho voluto guardare pochissime cose di lui.

Capisco però l'uomo, la cura che mette nel suo lavoro e quel suo *magnetismo d'altri tempi* quasi ipnotico che ti spinge lontano da qui e ora.

E comincia un viaggio.
Senza tempo, senza tempi e senza mete.
Una sorta di anestesia che quando ti risvegli stai bene.
Ti sei visto da fuori, finalmente hai chiuso gli occhi.
E hai sognato.

Guido Brera

“DANIKA MORI”

Niente da nascondere

Oggi in molti usano i social per amplificare quello che è il loro *personal branding*: significa promuovere se stessi, le proprie competenze, alla stregua di un brand. Danika Mori è una *content creator* che divulga la sua attività di *sex worker*. Penso che conversare con lei potrebbe rappresentare due delle cose che amo di più in «One More Time»: la prima è intervistare persone che sanno entrare nelle loro emozioni, la seconda è esplorare argomenti che conosco poco.

Prima di procedere nel farla contattare, cerco in rete altre sue interviste. Voglio vedere come si racconta. Trovo una sua ospitata in video a Deejay Chiama Italia.

È bravissima; perciò mi convinco, e si parte.

Federica D'Amore nasce l'8 settembre 1990 a Siracusa in una classica famiglia cattolica. Fino a dieci anni è figlia unica, poi nasce suo fratello Sebastiano. Hanno un rapporto stupendo. Suo padre è un elettricista e sua madre una cameriera ai piani in albergo. Sono genitori amorevoli, la motivano a dare il meglio di sé, e già da bambina Federica dimostra determinazione e tempra.

«Si dice spesso che diventiamo come gli altri ci vedono e questo parte dai genitori. Devo ringraziarli perché mi hanno dato buone radici. Poi si impara per *imprinting*. Tu elabori il mondo basandoti su come si comportano i tuoi genitori, involontariamente loro ti danno degli insegnamenti anche senza dire nulla, ti basta guardare come si comportano. Sono state le persone più autentiche che abbia mai conosciuto ed è il motivo per cui oggi sono quella che sono.»

Dell'educazione che le danno c'è solo un aspetto che, maturando, non condivide: sono abituati a dire sempre di sì per non far rimanere male l'altro, ma in questo modo si dimenticano di se stessi e si mettono in secondo piano. Nella sua vita, Federica farà fatica ad accettarlo.

Inizia presto a interessarsi di psicologia. È un'adolescente molto introspettiva, e lo diventerà ancora di più quando a diciassette anni morirà il suo primo fidanzatino, Manuel. È un evento che sconvolge la sua esistenza. Sono vicini di casa, le loro famiglie si conoscono e i loro genitori sono amici. La loro storia è finita già da un anno, ma Federica si sente comunque ancora molto legata a lui. «Era una persona speciale, qualcuno che mi aveva avuta e sentita in un modo in cui nessun altro mi avrebbe più sentito nella vita… e poi vabbè, eravamo innamoratissimi, era stata una storia d'amore stupenda.»

La morte di Manuel le fa capire che esistere non è scontato. Il tempo che abbiamo a disposizione come esseri umani non solo è limitato, ma anche imprevedibile. In Federica a quel punto germoglia il desiderio di scegliere fino in fondo ogni aspetto della sua vita, senza condizionamenti. Ogni istante è prezioso, perciò deve essere vissuto intensamente.

Reagisce alla sofferenza studiando, nel pomeriggio fa tanto sport, il resto della giornata lo passa a vivere, conoscere, esplorare e fare più esperienze possibili. Ha le idee chiare su ciò che desidera: vuole qualcosa di grande, si vede imprenditrice di successo, in giacca e cravatta, non dietro una scrivania ma a girare il mondo.

L'elaborazione del lutto per la perdita di Manuel la porta verso un altro cambiamento importante. Possiamo imparare molto di noi stessi vivendo il dolore. «Dopo quell'anno, *mi sono girata la coppola al contrario*, come si dice in Sicilia.» La buona educazione, gli orari di rientro... tutta una serie di regole che le vengono imposte non le rispetta più. Inizia a fare solo quello che reputa opportuno per sé. Non ha tempo da perdere per compiacere gli altri. Si butta a capofitto nello scoprire la vita. Dorme fino alle dieci del mattino, esce il pomeriggio e torna tardi la notte, trascura la scuola. Fa tre mesi di assenze, riesce a recuperare all'ultimo tutte le materie. L'anno dopo dà la maturità e la passa per miracolo. I suoi genitori non riescono a tenerla a bada, a disciplinarla. «Mia madre è sempre stata troppo comprensiva nei miei confronti. Siccome non avevo mai dato problemi prima, cercava di venirmi incontro. Mi puniva, a volte ci scontravamo anche in malo modo, però cercava comunque un dialogo.»

Quando abbiamo avuto mia figlia, io e mia moglie Samar eravamo molto giovani. All'epoca ero molto centrato sul lavoro, e così l'ho viziata per sopperire alla mia assenza. Mia moglie per fortuna le ha saputo trasferire un'educazione incredibile e mi ha aiutato a capire quanto fosse importante esserci in determinati momenti della sua crescita, nonostante il poco tempo che avevo a disposizione. E ha fatto anche un'altra cosa splendida e non scontata: le ha sempre parlato bene di suo padre. Grazie a lei, oggi ho la possibilità di godermi un rapporto splendido con Giulia.

In quel periodo di passaggio, Federica conosce Gabriele. Ci fa sesso, ma è una relazione che prende con molta leggerezza, non ha voglia di innamorarsi, sta per gli affari suoi senza dover rendere conto a nessuno. Vuole crescere libera. Ha vissuto dentro una bolla per tanto tempo, la sua famiglia l'ha protetta da tante cose e tante altre gliele ha precluse. «Mi colpevolizzavo per avere delle pulsioni sessuali, quindi vivevo male il fatto di essere eccitata, che mi piacesse qualcuno e volessi andarci a letto. Sicuramente mi portavo dietro uno strascico della rigida cultura cattolica in cui sono cresciuta.»

Accettare che abbiamo una sessualità, che abbiamo degli istinti, che l'erotismo fa parte della nostra identità è fondamentale per ognuno di noi.

Una sera, al locale dove Gabriele fa il cameriere, conosce Stefano mentre sta scambiando un pacchetto di sigarette per un cane. Book è piccolino, entra in una mano. Federica rimane in macchina a fare compagnia al cucciolo.

Quando Stefano finisce il turno di lavoro scambiano due parole, si raccontano un po', lui vuole provarci con le sue amiche e lei gli promette che avrebbe organizzato qualcosa con loro. Alla fine, però, le altre volte che si incontrano si conoscono meglio e, dopo pochi mesi, finiscono insieme.

Non si lasceranno più.

I primi quattro anni di storia d'amore li vivono ognuno a casa dei propri genitori. Federica studia Economia all'Università di Catania e Stefano lavora come cameriere. Fanno sesso in macchina tutte le sere. Che ci siano pioggia, vento o alluvioni Stefano, dal centro città, fa avanti e indietro per andare a incontrarla tre volte al giorno. Sono innamoratissimi e hanno sempre una gran voglia di stare insieme.

Dopo un solo anno, Federica lascia l'università. «Avevo dato appena quattro materie e mi ero resa conto che a livello mnemonico facevo fatica.» I suoi genitori non le mettono pressione. Certo, li avrebbe fatti contenti vederla continuare gli studi, però la lasciano piuttosto libera di scegliere il proprio percorso.

Siamo spesso abituati a evidenziare i passi falsi che hanno commesso nostro padre e nostra madre nel crescerci, puntiamo sempre il dito attribuendogli colpe di ogni genere, eppure essere genitore è il mestiere più difficile del mondo. Nel periodo dell'adolescenza, ma anche dopo, la differenza generazionale si avverte, e può creare scontri e incomprensioni, portare ad accuse reciproche.

A volte vorrei vedere mia figlia Giulia fare dei programmi sul lavoro. Lei studia all'università con ottimi risultati e manca poco alla sua laurea, ma non ha fretta di rendersi indipendente. C'è stata una fase in cui ne soffrivo. Ora, con pazienza, mi sono messo a guardarla germogliare. Senza metterle fretta. A un certo punto, così come mi ha sempre detto mia madre, sono sicuro che sboccerà tutta d'un colpo e troverà la sua strada.

Torno a Federica e alla sua meravigliosa parabola alla scoperta della sua essenza. Un giorno Stefano le parla al telefono di questo sito di webcam, Cam4, le dice che c'è la possibilità di guadagnare qualcosa. «Neanch'io mi sarei mai aspettata di farlo così, di punto in bianco, eppure il giorno dopo inaspettatamente ho aperto la webcam nella mia stanzetta privata, a casa dei miei genitori, e in mezz'ora ho guadagnato quello che guadagnavo normalmente in undici ore di lavoro da cameriera. Senza neanche fare chissà cosa di sessuale, ho solo bagnato la magliettina bianca e mi sono messa a parlare con le persone che mi avevano pagato uno show privato.» Il suo approdare al mondo del porno vuole essere una terapia d'urto riguardo al suo approccio alla sessualità. Nel pomeriggio dice a Stefano: «Questa cosa funziona, voglio farla». Lui però è un tipo geloso e risponde: «Facciamola insieme».

In quel momento ci sono altri sul mercato, Stefano e Federica non sono gli unici. Eppure hanno un modo tutto loro di fare webcam di coppia. In un sito come Cam4 sei prevalentemente live, devi restare presente durante quelle ore e aspettare di ricevere delle richieste sulla base delle mance, delle *tips*. Federica e Stefano non seguono le regole, vogliono rispettare l'atto erotico, non farlo a comando ma nel modo più naturale possibile.

Il primo account si chiama *Sex Dreams*, la prima cosa che viene in mente a Federica. *Red Light* è invece il loro profilo di coppia, quello con cui diventano famosi. «Un giorno, alla fine di uno show di coppia, a Stefano chiedono il mio nome e a lui viene spontaneo dire Danika perché una delle sue fidanzatine del passato si chiamava così. Cerco cosa significa, il risultato è *stella del mattino*, e mi piace moltissimo.» Il cognome, Mori, lo sceglie invece negli ultimi anni, quando decide di creare la sua immagine digitale e capisce che l'attività che stanno svolgendo è un lavoro serio su cui basare la loro vita.

Partecipano a un contest all'interno del sito Cam4 che premia, con diversi punti giornalieri, le webcam che ricevono più visite durante la giornata. C'è un principio di *gamification*. Danika inizia sempre da sola, chiacchierando con i fan, rispondendo alle loro domande e magari facendosi pagare per togliere la maglietta. Li intrattiene un po'. Poi entra Steve – il nome artistico di Stefano – e fanno sesso. Diventano estremamente popolari perché è tutto vero e la gente si immedesima. Quello a cui assistono è meno meccanico di quello a cui sono abituati.

Danika e Steve non usano mascherine. «Nonostante pensassi ancora che mi sarei potuta precludere delle opportunità lavorative in futuro, perché era un mondo ancora sostanzialmente sconosciuto sotto tantissimi punti di vista, mi sono voluta mettere alla prova. Forse mi sarei vergognata di più, se qualcuno mi avesse riconosciuto dietro a una mascherina.» L'unica vera barriera che mettono tra loro e il pubblico è il non dire che sono italiani. Parlano soltanto in inglese e Danika dice una volta che è rumena, una volta che è americana, e pian piano usa tutte le nazionalità del mondo.

Mascherano l'indirizzo IP, che serve a identificare da dove un utente si connette a internet, nel tentativo di tenere celata la loro identità, soprattutto per proteggere le loro famiglie, ma non ci riescono. Dopo tre mesi, tutti sanno tutto.

Il padre di Stefano è il primo a capire qualcosa, ma è una persona discreta e non si permette di dire nulla, li lascia prendere le loro decisioni nonostante quello non fosse il percorso che aveva immaginato per suo figlio. La madre invece è ignara di tutto.

Danika e Steve iniziano a fare le loro prime webcam a maggio, poi lo prendono come impegno per l'estate. Stefano lascia il ristorante e Danika abbandona definitivamente gli studi. Prendono in affitto un loft dove lavorano con orari americani, quindi di notte. Danika arriva a casa sempre più tardi e un giorno, dopo un litigio feroce con sua madre, decide di andarsene. Svuota la sua stanzetta in due ore e si fa venire a prendere da Stefano.

Poco tempo dopo, gli zii e altri familiari convocano i genitori di Danika per una riunione di famiglia e mostrano loro i video. È una bella botta. La prendono malissimo. «Mia madre mi ha raccontato di non essere riuscita a guardare e di aver fatto vedere solo a mio padre.» La madre di Danika non riesce a essere fredda, è molto emotiva e si arrabbia. Non le parlerà per un anno. Suo padre invece è più ragionevole, cerca di capire cosa sta succedendo nella testa di sua figlia, capisce che è un errore condannarla e non starle vicino. Inizialmente è l'unico a mantenere i contatti con lei.

Empatizzo con i genitori di Danika. Non conoscendo il mondo in cui si stava cimentando la propria figlia è normale che fossero preoccupati. Immagino si saranno sentiti in colpa per le decisioni che la figlia ha imposto loro e a disagio per dover convivere con i pregiudizi della società. Forse sono riusciti a stare meglio solo quando hanno visto Danika felice delle proprie scelte. Forse solo allora il brusio di chi li circondava ha iniziato a perdere importanza.

Steve e Danika diventano popolari su Cam4 e riescono a vivere della loro attività di *sex worker*. Si danno come obiettivo un budget giornaliero di circa 200 dollari, lo raggiungono e si gestiscono in modo indipendente. Alla fine di quell'anno iniziano a registrare dei video interi da vendere a pacchetti dentro i siti di webcam. In parallelo continuano con i video live.

Il loro lavoro evolve per quanto riguarda la fase tecnica, ma la loro autenticità non la abbandonano: la produzione di un video è sempre *one shot*, lo fanno una volta e se va bene va bene, se non va bene va bene uguale, perché la vita reale è così ed è bello anche quando si sbaglia. «Ho imparato ad accettare delle espressioni di me che non mi piacevano, che avrei voluto tagliare ma ho detto *sai che ti dico? La vita va così.*»

Fin dall'inizio, Stefano impazzisce perché gli vengono rubate le registrazioni webcam e condivise in siti gratuiti come PornHub e YouPorn, senza che loro guadagnino niente perché a metterle sono altre persone, anche se non hanno il diritto di farlo. Decide allora di fare una prova: attraverso un lavoro pazzesco di editing, toglie il loro viso da quattordici video e li carica per una fruizione gratuita su PornHub. Funziona alla grande: nonostante non si vedano le loro facce, c'è la chimica, quel mood amatoriale completamente diverso da quello di una produzione standard e loro piacciono tantissimo. Su Pornhub funziona come su YouTube: con la pubblicità erogata. Più views fai, più guadagni.

Dal 2018 la piattaforma dà la possibilità di vendere anche i video, quindi per Danika e Stefano aumenta la mole di lavoro, perché magari fanno un unico video ma un po' più lungo e lo tagliano in due versioni, una fruibile gratuitamente, una invece in vendita. Successivamente aggiungono anche il fan club, una sorta di OnlyFans: un *feed* dove le persone si iscrivono mensilmente per avere dei contenuti esclusivi. Cercano allora di diversificare, di dare un motivo per il quale pagare anche una sottoscrizione, e questo aumenta i guadagni ma anche il lavoro di postproduzione. Registrano, montano, distribuiscono e gestiscono l'amministrazione – fanno tutto da soli, soci al 50%.

La chimica pazzesca che li contraddistingue da altri creator ce l'hanno da sempre. Il lavoro li aiuta a esplorare diversi modi di fare sesso, crescono insieme da tantissimi punti di vista. La coppia di quattordici anni fa non è la coppia di oggi. Sono cambiati, hanno giocato, provato delle cose nuove, senz'altro per un profitto economico, ma soprattutto perché questo li ha aiutati a scoprire delle parti di loro che ancora non conoscevano.

Dopo dieci anni, sentono di aver bisogno di qualcosa di nuovo, così avviano delle collaborazioni, fanno sesso con altre persone, ma anche questa esigenza arriva sempre seguendo il loro *flow*. «Non l'abbiamo fatto per soldi, però poi ci abbiamo anche guadagnato, perché abbiamo incontrato inevitabilmente anche persone che fanno il nostro stesso lavoro.»

Sono come i *content creator* di YouTube, persone della porta accanto. Chiunque li veda può riconoscersi in loro.

Il porno amatoriale permette di scegliere come, quando e perché, e quindi di seguire i loro tempi. Anche in periodi in cui producono tantissimo, l'80% del sesso lo fanno lontano dall'obiettivo. Si prendono sempre spazio per la loro intimità. Il fatto di fare sesso per lavoro non impatta nella loro vita, anzi, non toglie niente alla coppia ma l'alimenta, offre spunti, li rende più creativi.

Ai primi PornHub Awards a cui partecipano vincono il *top anal performer*, salgono sul palco timidissimi e increduli e vanno subito via pronunciando un semplice grazie in inglese. Il secondo anno invece Danika punta a vincere il premio per la *top coppia amatoriale*, ma vincono altri ragazzi, e lei si deve accontentare del *top squirting performer*, che vincerà anche l'anno successivo. Il premio ha generato una marea di meme che la fanno morire dal ridere ogni giorno e lei, con molta consapevolezza di sé, ci scherza. «Gli italiani continuano a taggarmi quando gli si rompe il rubinetto, quando scoppia un incendio e arrivano i pompieri, se c'è bisogno di pioggia.»

In realtà con il tempo attribuisce a quel premio anche un significato più profondo: Danika comincia a essere riconosciuta come icona femminista, viene associata spesso al concetto di *sex positive*, un movimento che promuove una visione della sessualità positiva e libera da tabù e stereotipi. «Alla fine essere vincitrice per il modo più eclatante di mostrare l'amplesso femminile mi dà molto orgoglio.»

I video di prova caricati da Steve raggiungono sedici milioni di visite in due settimane e a quel punto decidono di andare allo scoperto. È davvero una cosa molto grande. Solo nei primi mesi guadagnano circa venti volte quello che guadagnavano con i siti webcam.

Capiscono che possono costruirsi davvero un futuro.

Danika, che ha sempre tenuto alla sua privacy e a non far sapere niente di lei, scopre che il mondo digital ha tanto da offrirle e pensa di costruire una sua immagine legata a quella che ormai è diventata la sua professione a tutti gli effetti. Usa Instagram, Twitter e il resto dei social per il suo *branding* personale, ma allo stesso tempo scopre che i *social* possono regalarle anche altre opportunità. «Mi danno la possibilità di esprimermi e di dire cosa penso, spiegare il perché io sia arrivata a fare questo. Non faccio del male a nessuno, anzi il contrario. Mi reputo una persona autentica e con dei valori. Nonostante la vergogna iniziale, io e Steve non abbiamo percepito più di tanto lo stigma, forse perché abbiamo vissuto questa cosa in coppia, nella nostra bolla d'amore, e non ce ne fregava niente di cosa pensassero gli altri. Mi dispiaceva solo di dover coinvolgere le nostre famiglie in questa scelta personale.»

Le visualizzazioni su Pornhub diventano sempre più rilevanti e Radio Deejay la chiama per un'intervista che permette a Danika di ricredersi riguardo alla percezione che il mondo esterno ha del suo lavoro. Lancia un messaggio positivo che spera sproni l'essere umano ad ascoltare le proprie pulsioni e ad accettarle.

Danika e Steve decidono consapevolmente di fare l'amore con altre persone, scelgono insieme i partner, lo fanno allo scoperto, e sono la riprova che non esiste un unico modo di amarsi. Per loro l'esclusività sessuale non è indispensabile per costruire rapporti profondi, impegnati e a lungo termine.

Prima di conoscere mia moglie Samar ho sempre pensato che il tradimento fosse una necessità, perché mi annoiavo a fare sesso sempre con la stessa persona e non credevo ci sarebbe stata nella mia vita un'altra modalità di stare nella coppia. Con lei invece esiste una magia che ci rimette in gioco sempre.

Danika è una persona centrata, determinata e fiera di essere riuscita a realizzare il suo sogno di gestire una sua azienda, e di farlo viaggiando. Ora è occupata a far crescere il suo capitale, creando altre opportunità di business, diversificando.

«A farmi diventare la donna che sono oggi ha contribuito una mia insegnante delle superiori che oggi purtroppo non c'è più. Lei ci ha insegnato una cosa che è il mio mantra da sempre, e adesso è anche un mio tatuaggio: fare del problema una risorsa. Nel mio caso, vivevo la sessualità come qualcosa da nascondere, qualcosa per cui colpevolizzarmi e sono riuscita a farne un lavoro di successo.»

Possiamo vivere guardando le cose accadere, chiedendoci che cosa è accaduto o facendo accadere le cose. Noi tutti possiamo decidere che tipo di persona vogliamo essere.

Spero possiate trovare anche voi il vostro talento, magari non è quello che mettete in campo per esercitare la vostra professione al momento, ma andate a scovarne uno che vi permetta di fare qualcosa di appagante e di essere felici.

A me avevano sempre detto: *Hai una bella voce e buone capacità oratorie*. Avevo lasciato in sospeso questo potenziale, poi è arrivato «One More Time». E ora sono come un bambino al luna park.

Con il cuore, da Danika Mori

Fin dall'inizio, entrare nel regno del podcast «One More Time» è stato come entrare in un santuario dove l'autenticità regna sovrana. La calorosa accoglienza di Luca e del suo team gettano le basi per uno scambio intimo, libero dalle catene della finzione. A ogni momento che passava, diventava sempre più chiaro che questa non era semplicemente un'intervista ma un dialogo sincero.

La bellezza del podcast «One More Time» risiede nella sua capacità di trascendere la patina superficiale dei personaggi pubblici, invitando sia gli ospiti che il pubblico a scavare nelle profondità della loro umanità.

Mentre Luca navigava abilmente nella conversazione con un mix di curiosità ed empatia, mi sono ritrovata a perdere l'armatura dell'auto-presentazione, abbracciando la vulnerabilità come porta verso l'autenticità. In questa conversazione i muri sono crollati e le barriere si sono dissolte, aprendo la strada a un'espressione cruda e non filtrata e a una connessione autentica con Luca e con il pubblico.

Durante la mia intervista con Luca, mi sono ritrovata a intraprendere un viaggio alla scoperta di me stessa, attraversando il paesaggio delle mie esperienze con ritrovata chiarezza e profondità e, mentre assistevo alla risposta positiva del mio pubblico dopo l'intervista, sono rimasta onorata dalla consapevolezza che la nostra esperienza condivisa aveva toccato cuori, acceso conversazioni e fiamme d'ispirazione.

In un mondo che spesso celebra successi e riconoscimenti a livello superficiale, «One More Time» testimonia il potere di trasformazione della vulnerabilità, dell'autenticità e della genuina connessione umana.

In una realtà inondata di immagini curate e narrazioni sceneggiate, la dedizione di Luca all'autenticità illumina e funge da promemoria che il nostro vero potere sta nell'abbracciare il nostro sé autentico.

L'esperienza a «One More Time» ha lasciato un segno indelebile nel mio cuore.

Danika Mori

“GIANLUCA GOTTO”

Quando la sofferenza sa guarire

Per il mio ultimo compleanno, in famiglia mi hanno regalato tre testi sacri: la Bibbia, la Torah e il Corano. Sapevano che mi sarebbe piaciuto approfondire le religioni. Mio fratello Lorenzo non ama i doni collettivi, così ha aggiunto l'ultimo romanzo di Gianluca Gotto. Secondo lui il buddhismo si avvicina molto al mio modo di essere e forse non sbaglia. Un detto buddhista che trovo meraviglioso è: *la parola più alta è il silenzio e la saggezza più grande che si ha è quando non apriamo bocca.*

Vogliamo sempre raccontarci agli altri ma non siamo altrettanto disponibili quando si tratta di ascoltare. Eppure ogni individuo ha bisogno di essere visto e compreso. L'esperienza del podcast mi ha fatto capire quanto immergersi completamente nella storia dell'ospite, cercando di sentire non solo ciò che dice, ma anche i suoi sentimenti, le sue emozioni e tutto ciò che non esprime con le parole, sia necessario soprattutto per me stesso. Porsi in modalità di ascolto aperto, autentico e non giudicante, senza necessariamente avere qualcosa da dire o consigliare, crea comunque terreno fertile per una crescita reciproca. Durante il nostro momento in «One More Time» io e Gianluca ci siamo connessi in modo genuino e con il desiderio sincero di capirci. Spero riuscirete a farlo anche voi leggendo.

Gianluca Gotto nasce a Torino il 22 maggio 1990. È un martedì piovoso, così gli è stato raccontato. Nella sua città, però, non riesce a sentirsi a casa, si sente sempre un po' straniero. Cresce in una famiglia della classe media: i suoi genitori sono impiegati di banca e ha un fratello più piccolo di due anni e mezzo con cui ha un bellissimo rapporto e che considera il suo migliore amico. Vive in un contesto tranquillo, in casa regna un'atmosfera sempre serena, sono consapevoli che quello che hanno, anche se poco, è importante.

«Molto spesso prestiamo attenzione alle cose che vanno male, i momenti negativi li ricordiamo benissimo, i traumi non riusciamo a lasciarli andare. Sono un ricordo nitido nella nostra mente. Però anche i momenti felici si ricordano, non in maniera dettagliata, ma si ricorda la sensazione» mi dice evocando la sua infanzia.

In casa sono *molto piemontesi*, l'affetto non viene esternato, non ci si dice ti voglio bene, non ci si abbraccia, ma comunque sia lui che il fratello si sentono al sicuro. «Le parole sono importanti, senza ombra di dubbio. Però penso che il modo in cui fai sentire una persona lo sia ancora di più rispetto a ciò che gli dici.»

Un giorno, è l'estate tra la terza media e la prima superiore, la madre comunica a Gianluca che lei e suo padre si separano. Lui ne rimane scioccato, non ha mai percepito i segnali di quello che sarebbe successo. Le dice: «Ma come? Tu e papà sembravate una bella coppia». Lei risponde: «Siamo stati dei bravi attori».

Ha vissuto i suoi primi quattordici anni credendo di avere delle basi inattaccabili, e improvvisamente una di queste viene meno. Per la prima volta in vita sua prova una forte angoscia, si accorge che sta capitando qualcosa di grande e inaspettato, realizza che niente è per sempre. Nonostante questo, Gianluca non smette di credere nell'amore. Anzi, si ripromette che qualsiasi cosa succederà nel suo futuro cercherà di non recitare, di dire le cose come stanno, di essere il più trasparente e sincero possibile con chiunque.

Con l'esperienza capirà che possiamo dare almeno due versioni di ogni cosa che ci succede nella vita: una è quella che raccontiamo a noi stessi mentre la viviamo, l'altra quella che ci raccontiamo a distanza di tempo. È importante, a sangue freddo, considerare anche quello che stanno provando gli altri.

Oggi Gianluca sa che i suoi genitori, mentre salvaguardavano il loro benessere, si sono impegnati molto per far sì che la separazione non intaccasse quello dei figli. Il Gianluca adolescente però non conosce le problematiche della vita adulta, è incapace di capire cosa stanno attraversando i genitori. L'unico punto di vista che conosce è il proprio.

In famiglia si ritrova a vivere una situazione nuova: improvvisamente ha due letti, due cucine, due indirizzi, i suoi vestiti sono un po' di qua e un po' di là, la settimana è divisa nei giorni in cui è dalla mamma e quelli in cui è dal papà. È costretto a crescere in fretta. I molti pensieri gli tolgono il tempo per fare quello che dovrebbe.

Al momento di scegliere la scuola superiore, Gianluca si sente più portato per le materie umanistiche, ma i suoi lo spingono a fare il liceo scientifico, uno dei più difficili di Torino.

Inizia il primo anno con un peso sul cuore. Si è chiuso dentro se stesso, ha pochi amici e nessuno con cui riesca a legare in profondità. Non è neanche in grado di costruire delle relazioni d'amore, perché in nessuna ragazza trova quello che cerca. Le ambizioni e i desideri più comuni, le cose che per i suoi coetanei sono importanti, a Gianluca non interessano. I suoi migliori amici sono i libri e la musica. È allora che esplode dentro di lui la voglia irrefrenabile di andarsene. Si sveglia al mattino con l'idea di fare un viaggio, di andare via da Torino, non importa dove, vuole essere altrove.

«Questo desiderio è stato importante. Tendiamo ad aver paura quando ci sentiamo disperati, ma la disperazione è una forza incredibile nella vita.»

Quando ha sedici anni, arriva in classe Claudia. E quello che Gianluca prova non è solo attrazione fisica: è una comunione di intenti. Si conoscono da poco quando lei confessa: «Non vedo l'ora di lasciare Torino, viaggiare, andare all'estero, allontanarmi da questo grigiore». E nel sentire quelle parole Gianluca si innamora follemente. Claudia è il suo passaporto per la libertà. Costruiscono qualcosa di stabile, qualcosa che non ha mai vissuto con nessun altro. Insieme, imparano a non vivere più il passato come una condanna ma come una lezione.

Nel liceo che frequenta c'è molta competizione. Tutto è legato al risultato. Gianluca finisce ogni anno con dei debiti, perciò ad agosto deve sostenere gli esami di riparazione. Al quarto anno sbaglia completamente quello che c'è da studiare per l'esame di chimica. Si presenta, ma fa scena muta. I professori sono quasi tutti decisi a dare un'insufficienza, ma poi interviene il docente di filosofia, materia nella quale Gianluca aveva ottimi voti, che per fortuna lo difende, e così si salva.

Anche in quinta rischia di essere bocciato. Deve fare un esame di fisica, si presenta davanti al professore ma non è preparato, prova a rispondere ma niente. Gli succede però una cosa nuova: smette di vedere nel professore un nemico, lo considera semplicemente un essere umano come lui e gli dice: «Professore, non si preoccupi, la capisco, non ho nessun rancore nei suoi confronti. Lei sta solo facendo il suo lavoro. *Io* non mi sono preparato, mi dia il voto che mi deve dare e lo accetterò». Il professore è immobile, lo guarda negli occhi, rimane senza parole per qualche secondo, poi abbassa lo sguardo, trascrive un 6 e gli consegna il foglio di ammissione alla maturità.

Una notte, Gianluca sogna un gruppo di persone che si sveglia nel deserto e non sa cosa ci fa lì. Sente la necessità di scriverci un romanzo e lo fa mentre i suoi compagni di classe studiano per l'esame. Arriva anche a pubblicarlo, ma non sa come promuoverlo e tutto si risolve in un fallimento. Una cinquantina di lettori al massimo. Ancora oggi, negli store online, c'è una pagina fantasma di quel libro associata al suo nome, e non c'è modo di eliminarla.

Nonostante il tempo passato sul romanzo riesce a superare l'esame di maturità. Quei cinque anni di liceo sono stati veramente duri, finalmente è libero di decidere cosa fare del suo futuro. «Quando sei dentro alla scuola la puoi odiare quanto vuoi, ma quella struttura ti dà sicurezza. Puoi godere della libertà se hai un perimetro di riferimento, senza è il caos.» Spesso, anche nella vita adulta, preferiamo ciò che conosciamo e ci dà certezza alla felicità.

Gianluca e Claudia partono per la California, alla ricerca di quel deserto che lui aveva sognato. Il viaggio dura solo dieci giorni. Al ritorno devono decidere cosa farne, della propria libertà, ma non hanno un perimetro e sono colti dalla paura. I loro coetanei vanno all'università o iniziano a lavorare. Così, senza ragionarci troppo, Claudia finisce a fare la barista e Gianluca si iscrive a Giurisprudenza. Dopo soli tre mesi passa a Filosofia, ma la situazione non cambia.

Intanto sviluppa un tic: guarda continuamente l'ora, al punto che quando la gente gliela chiede lui risponde senza neanche guardare l'orologio. Lo fa perché sente che il tempo gli sta sfuggendo tra le dita come sabbia. Ma non vuole sprecare il bene più prezioso che ha. Questo suo malessere ha delle ripercussioni fisiche, si trascura a tal punto che un giorno Claudia preoccupata gli dice: «Io sto odiando la vita che sto facendo, troviamo una soluzione». Pensano di risolvere i loro problemi acquistando un biglietto di sola andata per l'Australia. Non hanno idea di cosa faranno, ma già il fatto di salire su quell'aereo diretto dall'altra parte del mondo dà loro l'adrenalina giusta.

Dei pochi risparmi con cui sono partiti, dopo due settimane non rimane già niente. Scoprono subito che l'Australia è carissima, così decidono di lasciare l'ostello a Perth per andare in affitto in una casa più economica con altri coinquilini italiani. Claudia trova un posto come cameriera, ha già lavorato in Italia e anche se non parla bene l'inglese si vede che ci sa fare. Gianluca invece è a secco di esperienza, è costretto a lavorare come tuttofare in cucina da uno chef tedesco, un tipo violento e tossico, che lo insulta dalla mattina alla sera. Passa tutto il tempo a dirsi *dimostra solo a te stesso chi sei* e impara a mangiarsi l'orgoglio.

In Australia diventano vegani. Claudia era già vegetariana, invece Gianluca già dal liceo si porta addosso una certa tendenza a sfogarsi sul cibo. Pesa 115 kg. Un giorno finisce per sbaglio a lavorare dentro un mattatoio; nel tentativo di uscire apre la porta sbagliata e si trova davanti alla scena della mattanza. Decide di non mangiare più animali, e da allora il suo peso si assesta tra gli 85 e i 90 kg. «Questa dieta mi ha dato molta più lucidità ed energia. Non so se sia una questione scientifica che un'alimentazione a base vegetale migliori le tue prestazioni a livello mentale, in ogni caso è un bene chiedersi sempre perché stiamo mangiando quello che stiamo mangiando.»

Quell'anno succede un'altra cosa meravigliosa: da turisti si trasformano in viaggiatori. Comprano un'automobile datata con tantissimi chilometri e tutta scrostata. Quella diventa la loro casa. Arrivano da Perth a Melbourne, fermandosi a dormire di fianco al deserto, il loro elemento naturale. Sotto quei cieli stellati, il loro rapporto si fa incredibilmente stretto e decidono insieme che, qualunque cosa succederà, viaggiare sarà il centro della loro vita.

L'esperienza in Australia si conclude però con una delusione: loro vorrebbero restare, ma le leggi sull'immigrazione non glielo permettono, a meno che non abbiano delle qualifiche. Bisogna saper fare qualcosa che gli australiani non sanno fare.

«Ci rimasi molto male e pensai che dovevo trovare un modo per evadere dagli schemi rigidi della vita, dalle etichette, dalle categorie. Dovevo cercare la vera libertà, essere indipendente da tutto.»

Tornano a Torino e Gianluca frequenta un corso per panificatori. Si sveglia all'una e mezza di notte, alle due è in panetteria e impara per più di un mese il mestiere. L'idea è usare quella capacità per tornare in Australia.

Alla fine, invece, lui e Claudia conoscono per caso una canadese e volano a Vancouver. Se ne innamorano follemente, credono di aver trovato il loro posto nel mondo: scoprono un popolo fantastico, una qualità della vita incredibile, una grande attenzione all'ambiente e a tutti quei temi che per loro sono importanti. Poi però succede la cosa peggiore che possa capitarti quando fai un'esperienza di vita all'estero: squilla il telefono, e vengono a sapere che una persona della loro famiglia è in fin di vita per un infarto. Gianluca e Claudia sono costretti a tornare a Torino. Piano piano, per fortuna, il familiare si riprende. Ma nel frattempo hanno perso il visto in Canada, e anche la casa. Le leggi sull'immigrazione sono molto ferree. Non possono tornare.

Si ritrovano di nuovo a vivere nella città da cui erano scappati, senza nulla in mano. Sono sconsolati, ma dalle difficoltà spesso nascono le opportunità migliori. «Finché fluttui non c'è appiglio. Quando tocchi il fondo, hai una base da cui ripartire.»

Qual è il motivo per cui vuoi alzarti la mattina e vivere la tua giornata? si chiede Gianluca. Riflette su cosa vuole veramente e realizza che, in ogni situazione di sconforto in passato, ha trovato consolazione prendendo un libro in mano. Perciò riprova con la scrittura, la sua più grande passione.

Come se l'universo lo ascoltasse, durante un viaggio a Gran Canaria, mentre è in un bar che legge un libro e prende un caffè, vicino a sé scorge un ragazzo al computer. Incuriosito, gli chiede cosa sta facendo, e l'altro spiega che sta traducendo un manuale perché lavora come traduttore da remoto e vive viaggiando. A Gianluca si aprono gli orizzonti dell'intero universo. *Su internet è pieno di pagine con dei testi. Questi testi dovrà pur scriverli qualcuno*, pensa. Scopre così che esiste la figura del *web writer*. Con i risparmi accumulati in Canada, si concede di provare a fare finalmente qualcosa che ama. Per un anno scrive articoli senza retribuzione. Ne scrive seicento. Qualsiasi argomento lo interessa, non importa che riguardi la musica, lo sport, l'attualità o altro. Apre anche un piccolo blog e lavora per Italians in fuga, un sito che racconta la vita degli italiani che si trasferiscono all'estero. Un giorno gli capita di intervistare un ragazzo che ha un'azienda a Malta. Si occupa di gaming, nello specifico di poker. Gianluca fa colpo sull'intervistato, che gli offre un lavoro. Tra l'altro, Gianluca a poker ci sa anche giocare. Fa il colloquio con il responsabile della redazione e la risposta che riceve quando chiede se può lavorare da remoto è l'inizio di un sogno: *per noi tu puoi lavorare anche dalla luna*.

Nel frattempo Claudia ha trovato una via diversa per fare qualcosa di simile: si dedica all'artigianato creando delle borse a partire dai sacchi di juta del caffè. Le vende durante i mercatini invernali, mentre per il resto dell'anno può, viaggiando, cercare nuovi prodotti da trasformare. La sua idea infatti è di riutilizzare sempre materiali di scarto.

Non ci sono più ostacoli, il mondo intero li aspetta, possono andare ovunque. In quel periodo, Claudia sta leggendo un libro di Tiziano Terzani ed è molto affascinata dall'Asia, perciò propone di acquistare un biglietto di sola andata per Bangkok e partono un'altra volta, pieni di entusiasmo.

Per parecchi mesi riescono a vivere viaggiando attraverso il continente. Un giorno, a Koh Phangan, un'isola della

Thailandia, incontrano una donna russa. È lì con un cane. La donna ha una storia tragica alle spalle: aveva un marito violento e, quando ha compreso che lui sarebbe tornato a casa per ucciderla, ha preso il primo volo e si è rifugiata in quel paradiso. Ha trovato il suo cane che era solo un cucciolo abbandonato, ha preso un piccolo bungalow e ha messo in piedi un'attività di e-commerce sfruttando la grande comunità di russi presente sull'isola. Tra Gianluca e Claudia e la signora scatta subito una certa simpatia, e infatti poco dopo la donna propone a Claudia di aiutarla nel suo lavoro. Lei accetta con piacere. Grazie a quell'incarico, intuisce il grande potenziale dei social network. Decide di creare degli account; l'unico obiettivo è farli arrivare il più in alto possibile in termini di engagement. Ne riesce a creare tre o quattro che vanno oltre i centomila follower. Li usa come biglietto da visita e riesce a farsi assumere da un'azienda che produce proteine vegane, diventando la loro social media manager, ovvero la persona incaricata di gestire il marketing e la pubblicità sui canali social.

È dal 2015 che Claudia e Gianluca lavorano da remoto. Guadagnano poco, ma il costo della vita è molto basso in Thailandia, Laos, Vietnam e Malesia. Per vivere spendono 500 euro in due tra affitto, cibo e vestiti. Perciò, guadagnando intorno agli 800 euro al mese ciascuno, hanno la possibilità di continuare a viaggiare. Il denaro non è mai stato un obiettivo nella loro vita, ci sono due cose più importanti: la libertà di poter fare quello che vogliono e lo stare insieme.

«Ricordo che a volte tornavo a Torino e sentivo amici che lavoravano da Amazon o per grandi fondi di investimento. Chi era in Lussemburgo, chi a New York, Parigi o Londra. Nonostante guadagnassero quattro volte più di me, non li invidiavo: per me la cosa più importante era riprendere a viaggiare.»

Claudia e Gianluca hanno finalmente trovato la felicità e la propria realizzazione personale, eppure alla loro vita continua a mancare qualcosa. «Quando stai bene, il tuo primo desiderio, il tuo primo istinto, è di condividere quello che hai imparato e di fare in modo che anche gli altri stiano meglio. Io non penso che esista una forma di felicità, per cui a te sta bene essere in mezzo alla disperazione, vedere le persone intorno a te che stanno male. Quando sei felice la prima cosa che vuoi fare è rendere felici anche gli altri.»

Una sera, Gianluca e Claudia stanno osservando un tramonto sul fiume che attraversa la città di Chiang Mai, in Thailandia. Sono in attesa di andare a mangiare nel loro ristorante preferito e, abbracciati, ripensano al loro percorso verso la felicità. *Quante persone in Italia vivono nella condizione in cui eravamo noi prima di partire?* si chiedono. Sentono di voler raccontare agli altri le mille occasioni della vita. «Perché non c'è soltanto una scelta possibile. Il mondo è pieno di opportunità, si può vivere anche in maniera alternativa e trovare quella felicità che in una strada tradizionale non trovi, non perché sia sbagliata, ma perché forse è giusta per altri e non per te.»

Aprono il loro blog, senza pubblicità, banner o affiliazioni. Non vogliono monetizzare. Gianluca ci mette la scrittura e Claudia la competenza nell'ambito dei social. Lo chiamano *Mangia Vivi Viaggia* e l'obiettivo iniziale è di rivolgersi a diecimila persone in Italia che la pensino come loro. Il blog invece esplode. Nel giro di un anno hanno già tra i cinquanta e i centomila follower su Facebook, e il sito arriva a fare quasi dieci milioni di visualizzazioni. La pagina più cliccata è ancora oggi un articolo di Gianluca che si intitola *Non sono i soldi a fare la felicità, è il tempo il bene più prezioso che abbiamo*.

Il pubblico a un certo punto gli fa notare che raccontano solo storie di persone americane, inglesi, ecc. E gli italiani? Decidono allora di raccontare la loro. «Inizio a scrivere questo articolo, lo salvo in 'bozze' che ha ottocento parole. La volta dopo ne ha duemila, poi cinquemila. Quando arrivo a diecimila, vado da Claudia e le dico di voler scrivere un libro. Lei mi risponde 'vai, però fallo bene'.»

Gianluca scrive il libro mentre sono a Bali, che nel frattempo è diventata da un po' la loro base, e cerca di essere molto onesto nel raccontare tutti i fallimenti. Quando lo finisce, lui e Claudia decidono di autopubblicarlo.

Le coordinate della felicità va subito molto bene. Tra il 2018 e il 2019 è il libro autopubblicato più venduto d'Italia. A quel punto si fanno vive tutte le case editrici del nostro Paese, ma alla fine decidono di firmare con Mondadori, non perché è l'offerta economica più conveniente, ma perché dal punto di vista umano creano una buona relazione con lo staff. Gianluca scriverà per loro quattro libri – e in seguito Mondadori vorrà acquistare anche i diritti del primo – vendendo più di cinquecentomila copie. Un numero enorme.

Dopo la firma con Mondadori, Gianluca e Claudia sono al settimo cielo. Scrivere un romanzo è il sogno di Gianluca da sempre. Mentre ci sta lavorando, però, si ammala di dengue, una febbre tropicale che nei casi peggiori può portare al ricovero per emorragie interne. Sta male al punto da non riuscire più ad alzarsi dal letto, allora l'assicurazione sanitaria gli consiglia di lasciare Bali e prendere un volo per Bangkok. Arrivano la sera tardi e vanno in una *guest house* di loro conoscenza a dormire. Al mattino, non appena si mette in piedi, Gianluca sviene. Si risveglia in un letto d'ospedale, con medici e infermieri che si muovono intorno a lui con la frenesia di chi sta assistendo a qualcosa di serio.

«Non so cosa stia succedendo, non riesco neanche a parlare o a tenere gli occhi aperti. Però vedo per un secondo gli occhi azzurri come il mare di Claudia, che mi accompagnano da più di metà della mia vita, e provo una paura di morire lacerante. Qualcosa si rompe dentro di me. Mi abbandono portando questo terrore dentro l'incoscienza dello svenimento.»

Al risveglio, il medico lo aggiorna sulla situazione: la dengue non è un problema, è giovane e in forma, la supererà; la cosa più grave è la disidratazione. Gianluca stava vivendo troppo proiettato verso l'esterno, non ha ascoltato i segnali del suo corpo. Non possono idratarlo di colpo perché i suoi organi rischierebbero il collasso. Dovrà stare ancora a letto, immobile, per un po' di tempo. Con il passare dei giorni, dentro quella stanza d'ospedale vive gli incubi peggiori che un essere umano possa provare. Uno degli effetti collaterali della disidratazione, infatti, è avere delle allucinazioni. Gianluca non è più capace di distinguere il sogno dalla realtà. Una mattina sta fissando il muro davanti a sé e improvvisamente pensa *Claudia è morta, l'hanno investita per strada qua a Bangkok*. Allora si alza, inizia a staccarsi i tubi della flebo, a urlare e a piangere disperato. Medici e infermieri corrono da lui, lo trattengono e provano a calmarlo. Claudia era andata solo a prendergli delle scarpe, ma il medico va subito a chiamarla perché torni di corsa. Quando la vede prova il sollievo più grande della sua vita, ma al contempo diventa consapevole che qualcosa dentro di lui non funziona più.

Sono rimasto molto tempo in silenzio durante la nostra intervista. Le cose che mi ha raccontato Gianluca mi sono entrate dentro e mi hanno commosso. Ho pensato a cosa farei se mi trovassi in una situazione del genere, convinto di perdere mia moglie. La amo così tanto che anche adesso che sono qui, a scrivere questo libro, al solo pensiero mi si riempiono gli occhi di lacrime.

Nei giorni seguenti, Gianluca sperimenta altre allucinazioni che riguardano la morte dei suoi cari, finché arriva il medico e, con un bel sorriso, gli annuncia che è guarito.

«Per tutta la vita ho avuto un metodo: cercare le cause dell'infelicità e cambiare la mia vita eliminandole. Intorno a me in quel momento era apparentemente tutto perfetto: avevo Claudia, il lavoro dei miei sogni, un libro in pubblicazione con Mondadori, la Thailandia, il sole. Eppure era tutto un caos e io non sapevo più cosa fare. Quell'oscurità era dentro di me, potevo anche scappare sulla montagna più alta ma sapevo che me la sarei portata dietro.»

Gianluca viene dimesso. Il suo corpo è guarito, ma non la sua mente, finita chissà perché in un qualche luogo buio. Ogni volta che pensa di non sapere cosa fare per risolvere quella situazione, l'angoscia lo travolge da dentro. Uscito dall'ospedale, inizia ad avere degli attacchi di panico così forti da impedirgli di vivere, non riesce neanche a prendere un volo per tornare in Italia. È bloccato in Thailandia in preda a una depressione inaspettata. Né lui né Claudia riescono a comprenderla o a curarla.

Conosco bene le sensazioni che ha vissuto Gianluca, perché nel periodo in cui abbiamo registrato la puntata stavo purtroppo sperimentando sulla mia pelle cosa significa soffrire di attacchi di panico. Da qualche settimana avevo chiesto supporto a uno psicologo perché mi insegnasse come gestirli, avevo bisogno di strumenti per poter andare avanti e non soccombere. Non ero ancora autonomo su quel fronte e durante la nostra chiacchierata la drammaticità della sua storia mi ha causato i primi sintomi: giramenti di testa, tachicardia e formicolio alle estremità delle dita. Ho sentito arrivare il panico. Gianluca ha fatto finta di niente per non mettermi a disagio, e ha continuato a raccontare.

Anche lui, per risolvere la sua depressione, prende appuntamento con uno psicologo in ospedale. È thailandese ma parla benissimo in inglese. Gli consiglia di andare da uno psichiatra, perché ha bisogno di una cura farmacologica immediata. Lo psichiatra gli prescrive un ansiolitico per il volo in aereo e dice che, quando tornerà in Thailandia, faranno degli esami più approfonditi per un antidepressivo.

Gianluca esce da lì con una certezza: *questa non è la mia strada, non ho bisogno di farmaci*. Ripiega quella ricetta, la mette nel portafoglio e in un certo senso *si arrende* alla vita. Una mattina, alle quattro e trenta, l'ansia e gli incubi che ormai lo accompagnano tutte le notti lo trascinano via dal sonno. «Cammino per le strade di Bangkok finché a un certo punto sento un suono che ancora adesso mi strappa un sorriso di pura pace e serenità: è il suono della scopa che viene passata per terra.» Si gira e vede un monaco buddhista che sta pulendo l'ingresso del suo tempio. Si ferma un attimo a osservarlo e vede che quella persona ha trovato la serenità, qualcosa che non ha a che fare con il lavoro che svolgi o l'età che hai, la persona con cui vivi o il luogo dove risiedi, ma riguarda come ti senti dentro, come ti prendi cura di te stesso. Gianluca si avvicina, non sa cosa chiedergli, le uniche due parole che gli escono sono: *help me*. Il monaco si comporta come se quello che sta accadendo non fosse nient'altro che il loro destino. Posa la scopa, lo prende con sé e inizia a parlargli del buddhismo.

A questo punto del suo racconto, sono stato finalmente in grado di parlare della mia esperienza. Non sono per nulla una persona risolta, stavo vivendo anche io una crisi e avevo voglia di esternarla. Sono riuscito a farlo grazie a un'interazione con Gianluca, basata sulla reciprocità, che si è subito creata durante il nostro incontro. Eravamo preziosi compagni di viaggio, sintonizzati sugli stessi sentimenti, esperienze ed emozioni, e tutti i nostri sensi si erano armoniosamente allineati.

Il primo attacco di panico l'ho avuto quindici anni fa. A quei tempi, in realtà, non sapevo che lo fosse. Ero con il mio amico Giovanni e lui quella sera mi ha detto «cavolo, sei bianchissimo» e con quella semplice frase mi ha mandato completamente in tilt. Sono andato al pronto soccorso e, non so proprio spiegarmi il perché, non sono comparsi più i sintomi.

Fino all'inizio del 2023, quando improvvisamente sono tornati esattamente come mi avevano lasciato. Si erano verificati già diversi episodi a cui però non avevo voluto dare troppo peso. Un giorno, mentre stavo andando allo stadio con mio figlio, che ha solo otto anni, ero terrorizzato al pensiero che mi succedesse durante la partita. L'ansia non mi ha permesso di arrivare allo stadio. Mi è partito un attacco di panico e non sono più riuscito a gestire la conversazione con lui. Gabriel mi ha messo le manine sul petto per tenersi mentre eravamo in scooter, mi sono ritrovato a dovergliele abbassare perché avevo bisogno di respirare. Allora mi sono concentrato sul respiro, ma più lo facevo più mi agitavo. Una volta a casa mi sono sdraiato completamente nudo sul letto, con la finestra aperta, ho preso uno straccio bagnato, me lo sono passato sulle caviglie e sulla fronte, e mi sono ripreso.

Due settimane dopo ci ho riprovato: sono tornato allo stadio cercando di non avere quei brutti pensieri. Sono arrivato un'ora prima della partita per non vedere troppa ressa e riuscire a gestire mentalmente il flusso delle persone. A cinque minuti dal fischio d'inizio sono stato costretto ad andarmene. Sapevo che mi restava ancora giusto l'autonomia per uscire, prendere lo scooter e tornare a casa.

Il lunedì dopo, portando mio figlio a scuola, ero esattamente nelle stesse condizioni. Mi sono detto *non ci arriverò*. Per fortuna ci sono arrivato, ma a quel punto mi sono convinto ad andare in terapia. Non potevo più vivere così. Non si deve scappare dalla sofferenza. Va vissuta e conosciuta. Per scoprire la causa dei miei attacchi di panico avrei dovuto intraprendere un percorso di analisi, non escludo di farlo un giorno, ma in quel momento mi sono deciso solo a curarne gli effetti.

Qualche settimana con lo psicologo mi ha permesso di imparare una tecnica per me molto efficace, quella dei *30 minuti immerso nelle tue peggiori fantasie*: pensi a una situazione che ti provoca panico, ti sdrai in un posto in cui sei comodo e solo, metti un timer con la luce della stanza spenta, ti immergi in quella sensazione.

La prima volta che l'ho fatto, non sono riuscito a concentrarmi. Il giorno dopo ci ho riprovato pensando intensamente ai posti in cui mi era venuto un attacco, ho sentito quelle vampate e via, ho spento la luce e ho cominciato il rito. Dopo qualche minuto, mi è venuta in mente una soluzione, poi un'altra e dopo poco ero sereno, ho aperto gli occhi, ho guardato il timer ed erano passati solo dieci minuti, ho provato a richiudere gli occhi per altri venti, ma non sono riuscito più a concentrarmi.

Il sabato successivo sono andato al mio consueto appuntamento dallo psicologo e gli ho confessato con imbarazzo di non essere riuscito a fare i compiti. Gli ho raccontato che in dieci minuti, da un uragano di sensazioni terribili ho visto delle soluzioni che mi hanno tranquillizzato ma che, allo stesso tempo, mi hanno fatto perdere la concentrazione. Lui mi ha risposto invece che avevo centrato esattamente l'obiettivo e mi ha spiegato: «Ti sei reso conto che non poteva andare peggio di così, è la stessa sensazione che devi avvertire quando ti vengono, accoglili con la consapevolezza che andrà tutto bene». Quando nella vita hai paura dell'ignoto e sei terrorizzato, simulare quello che ci può essere oltre ti fa vedere le cose da una prospettiva completamente diversa. È incredibile.

Durante l'intervista con Gianluca ho sentito che mi stava arrivando un attacco e ho pensato *tanto passerà*, e infatti è passato tutto velocemente. Oggi per fortuna gli attacchi di panico mi durano il tempo di un pensiero.

«Quando ho iniziato ero convinto che la meditazione fosse controllare il proprio respiro. Ma se controlli il respiro, vai nel panico. Meditare è *osservare* il respiro, prendere atto del modo in cui stai respirando ti aiuta ad avere piena consapevolezza di come ti senti.»

In un libro di Gianluca c'è una splendida metafora: l'attacco di panico è come quando d'estate improvvisamente scoppia un temporale. Tu non puoi fare nulla per fermarlo. Il saggio, quando piove, si siede e aspetta che passi e magari si gode anche il suono della pioggia.

Compiendo un atto di fede nei confronti della vita, in quel momento di difficoltà Gianluca decide di voler imparare la meditazione. Parte con un treno per raggiungere un maestro zen giapponese che viaggia in tutto il continente asiatico. Gianluca lo raggiunge a Pai, nell'estremo nord della Thailandia. Il maestro lo accoglie e Gianluca passa otto giorni immerso nei boschi in un ambiente assolutamente rilassante. Ogni sera, quando esce da quel tempio, non è in grado di dire a parole quello che succede là dentro. Gli viene trasmesso qualcosa che non può essere spiegato, la sensazione dentro di lui è chiara, ma non è in grado di razionalizzarla.

«Come insegna il buddhismo, dovremmo prestare attenzione al sentire, perché la verità molto spesso non è nello spiegare. Dovremmo cercare di dare meno importanza alla nostra mente, cercare di vedere noi stessi come un insieme più ampio.»

Il cambiamento non è immediato, tutto è avvenuto in maniera intensa e in così poco tempo. Quando Gianluca prende il bus notturno che in dodici ore lo riporterà a Bangkok, la gente, il rumore del motore, i finestrini chiusi, il buio fuori scatenano il panico. Fortunatamente il maestro zen gli ha lasciato un segnale, un bigliettino con sopra disegnato un simbolo dell'*enso*, una specie di salvagente a cui Gianluca si aggrappa. Ricorda le parole dette dal maestro quando lo ha disegnato: *la meditazione ti aiuterà, ma non subito, perché non sei abituato a meditare, ci vorrà tanto tempo, anni forse. Nel frattempo sappi che il Buddha ha indicato otto passi da seguire nella vita non per essere più felici, non per ottenere di più, ma per essere più sereni.*

Da quel momento Gianluca inizia il suo percorso col Buddhismo e si dà come missione personale quella di cercare di prendersi cura di questi otto aspetti che sono sì spirituali, ma anche molto pratici. «Il Buddha dice che, per vivere una buona vita, non abbiamo bisogno di Dio, non abbiamo bisogno di sapere da dove veniamo e non abbiamo bisogno di sapere dove andremo. La vita si svolge in questo momento e in questo luogo, dobbiamo cercare di cambiare il modo in cui stiamo dentro la vita, tutto il resto è qualcosa che non ci deve interessare.»

Oggi Gianluca medita ogni singolo giorno, anche solo per dieci minuti, e questa pratica ha contribuito immensamente a migliorare la sua salute mentale e a renderlo la persona calma che ho ritrovato davanti a me durante l'intervista.

Nel suo romanzo Gianluca cita la *via di mezzo*, un concetto che si può riassumere in *cerca di vivere tutto ma in una maniera moderata*. Quest'idea mi incuriosisce molto, perché mi piacerebbe nella mia vita arrivare a quell'equilibrio.

«Un giorno stavo parlando con un maestro zen impegnato a dipingere dei caratteri, una forma di meditazione. Gli raccontavo dei miei malesseri, quando a un certo punto lui disegnò il simbolo che noi qua conosciamo come Yin e Yang e mi chiese 'che cosa vedi qui?'. Risposi che vedevo due opposti che però si riescono in qualche modo a incastrare. Lui allora mi disse 'questa è la tipica visione dell'occidentale che vede opposti dappertutto. Vedete separate due cose che si incastrano bene, ma che comunque sono due cose diverse. Tu non devi guardare nel bianco o nel nero, il punto più importante è la linea che li unisce'. Quella è la strada dei saggi. La via di mezzo è cercare di portare l'equilibrio in tutto quello che facciamo nella vita. Ogni volta che lo perdiamo generiamo sofferenza, una sofferenza che spesso non arriva subito, ma ribolle finché non esplode.»

Gianluca mi spiega che per tutta la sua vita adulta ha cercato la felicità fuori, facendo finta di non sentire i mostri che aveva dentro. La separazione dei suoi genitori, la sua infanzia, le delusioni a scuola, tutte le cose che lo ferivano le ignorava, cercando di costruirsi uno stile di vita che andasse talmente veloce da dargli l'impressione di lasciarsele indietro. Poi, non appena la vita lo ha costretto a fermarsi in un letto di ospedale, quei mostri sono venuti fuori. Ed erano ingestibili. Non si era mai preso cura del proprio mondo interiore.

Per un buddhista, la via di mezzo è un promemoria in ogni situazione della vita. Non siamo qui per sopportare un destino che non abbiamo scelto. Ci sono cose che sono al di fuori del nostro controllo, ma ce ne sono tante altre che invece lo sono e, se non si incastrano bene con noi e con la nostra idea di felicità, vanno risolte e cambiate. La via di mezzo è questa: non chiudersi dentro se stessi, ma nemmeno vivere solo per i piaceri che ci sono fuori.

Nel *rush* finale dell'intervista affrontiamo un ultimo passaggio decisivo dell'esistenza di Gianluca e Claudia. Parliamo di genitorialità. «Quando ci si interroga sul perché si decide di diventare genitore ci si rifà a una sorta di istinto materno o paterno, quindi capita spesso che uno dica di essersi sempre immaginato papà o mamma, di averlo sempre desiderato.»

Come individui, sia Gianluca che Claudia non avevano mai pensato all'idea di fare figli. Quando si sono incontrati si sono trovati bene l'uno con l'altra, si sono fidati, si è creata una connessione profonda tra di loro, dalla quale è poi emerso il desiderio di averne uno insieme. «Questa volontà dovrebbe arrivare quando trovi la persona giusta. È il modo più sano di fare figli. Molte volte capita invece che alcune persone si accontentino di un partner che non è adatto a loro pur di avere un bambino. E questo diventerà un problema soprattutto per la vita che metteranno al mondo.»

Quando iniziano a pensarci seriamente, scoprono che hanno un problema fisico e che le possibilità di riuscirci sono praticamente nulle. Viene avanzata l'ipotesi di seguire un percorso medico. Gianluca rimette la decisione nelle mani di Claudia: è il suo corpo ed è giusto che sia soltanto lei a scegliere che cosa fare. Lei non se la sente. Sono due persone fataliste, credono che la vita parli continuamente attraverso segnali più o meno evidenti e che nulla vada forzato. Se qualcosa si può fare bene, ma devono forzare troppo la mano, forse il loro destino deve essere un altro.

Gianluca, nel raccontarmi i vari passaggi della sua vita, per tutta l'intervista usa il plurale. So perché lo fa: in una relazione sana e forte non esiste *un tuo o un mio problema*, se uno dei due ne ha uno, quel problema è della coppia.

Un giorno lui e Claudia si prendono del tempo, chiudono fuori il mondo e accettano l'idea di non diventare genitori. Si preoccupano di quello che possono controllare con quella serenità buddhista che hanno imparato negli anni.

Il mese dopo Gianluca riceve una notizia incredibile: Claudia è incinta. Asia, la loro piccola, nasce il 7 settembre 2022 a Bali.

«È stata accolta dall'isola degli Dei in una notte bellissima, piena di stelle, e da quel momento è iniziato il nostro percorso in tre.»

Gianluca credeva che la felicità fosse tutto, una condizione che si potesse in qualche modo estendere all'infinito, quindi ha cercato di cavalcare quell'onda senza rendersi conto che ogni onda prima o poi finisce. Mi racconta che per lui la felicità ora è una sensazione che va vissuta senza pensarci troppo, non è qualcosa da raggiungere perché, se ci si basa solo su fattori esterni, ci si affida a qualcosa di troppo fragile e transitorio.

«Puoi anche avere un momento di grande sconforto, una giornata tremenda, una grana difficilissima da risolvere, ma puoi comunque essere felice della tua vita. In questo momento, io sono felice del mio percorso, del mio presente e delle prospettive future, non cambierei nulla di quello che ho. Questa per me è la felicità.»

Un tempo, quando volevo sempre di più ed ero senza una meta, ero contento e deluso ogni giorno. Ho cominciato a guardarmi dentro e a chiedermi cosa mi rendesse felice. *Una cosa materiale? E se avessi quella cosa materiale, che cosa farei?* Mi sono fatto delle domande profonde e mi sono reso conto che potevo essere felice subito, in quel momento. Spesso siamo infelici perché non sappiamo cosa vogliamo. Tutto ciò che il destino ci propone è disallineato per colpa della nostra confusione. Oggi so quello che voglio, ho le idee molto chiare e questo mi fa sentire al sicuro. Quello che mi succederà lungo questo percorso non mi sorprenderà, l'ho attratto e saprò gestirlo con lucidità.

Con il cuore, da Gianluca Gotto

La prima volta che ho ascoltato «One More Time» mi trovavo a Bali, in Indonesia. In quel periodo ero solito dividere in due parti la mia passeggiata mattutina: all'andata senza le cuffie, per godere appieno dei suoni della natura che si risveglia; al ritorno, quando il rumore del traffico di Ubud si era già alzato, con un po' di musica e talvolta qualche podcast nelle orecchie. «One More Time» mi sembrò diverso da ciò che avevo ascoltato fino a quel momento. Sembrava quasi il prodotto di un'altra epoca: introspettivo, intimo, profondo, senza fretta. La voce del conduttore mi era familiare... e quando realizzai che si trattava di Luca Casadei compresi immediatamente perché tutto funzionasse così bene. Un anno e mezzo prima avevo conosciuto Luca durante una videocall per discutere della possibilità di collaborare a un podcast sulla ricerca della felicità. Nonostante il filtro dello schermo, lo avevo inquadrato subito come una persona interessante e intelligente, ma soprattutto estremamente presente a se stessa: quando parlava, lo faceva con la massima attenzione, scegliendo con cura ogni parola per assicurarsi di essere chiaro e non lasciare spazio a equivoci. E quando ascoltava non si perdeva nemmeno un dettaglio di quello che io e gli altri partecipanti alla call stavamo dicendo. Sembrava in grado di immergersi completamente in quello che stava succedendo, una grande rarità al giorno d'oggi. A confermare la mia impressione, disse una cosa che mi colpì particolarmente: non possedeva uno smartphone, perché lo considerava una fonte di distrazione.

Queste sono le caratteristiche che lo rendono il padrone di casa perfetto per un podcast come «One More Time»: solo con un'assoluta presenza e concentrazione è possibile portare l'ospite ad aprirsi e scendere in profondità dentro la propria storia personale. Mentre ascoltavo i vari episodi, mi tornava in mente una frase che mi aveva detto, tempo prima, un maestro zen: *Se vuoi davvero ascoltare, devi dimenticare te stesso*. Luca è in grado di farlo, sa che questo è l'unico modo per lasciare spazio a chi ha davanti. Ascolta come si dovrebbe sempre ascoltare: senza interrompere e senza giudizio. Parallelamente, però, notai che era anche capace di offrire spunti mirati dal suo vissuto per creare ponti di empatia con l'ospite.

Ebbi la certezza che quel podcast sarebbe diventato estremamente popolare, e per i giusti motivi. Quando fui invitato a partecipare, fu un piacere e un onore accettare. Mi presentai negli studi di «One More Time» un lunedì mattina ed ebbi modo di conoscere innanzitutto chi lavora dietro le quinte, ragazzi e ragazze carichi di entusiasmo. E poi il fratello e la mamma di Luca, che mi colpirono per un dettaglio specifico: la luce dei loro sguardi. In particolar modo gli occhi azzurri di Nicoletta mi mostrarono tutta la profondità e l'intensità del suo percorso di vita, che già avevo scoperto ascoltando l'episodio in cui era ospite.

Luca arrivò per ultimo, proprio come si vede nei video delle interviste su YouTube. I suoi occhi sono diversi da quelli della mamma e del fratello, più scuri e profondi, forse ereditati dal papà. Di persona è molto più alto e atletico di come appaia in video, ha una presenza importante, eppure notai subito che quel giorno c'era qualcosa di anomalo in lui. Mi accolse con un abbraccio e un sorriso, ma era un po' schivo e sembrava pensieroso, come se con la testa fosse altrove. Quando si sedette sulla sua poltrona, però, un lampo di vitalità gli illuminò il volto. Mi sorrise: adesso era tranquillo, pronto, presente, oserei dire felice. Era al suo posto, al centro del suo progetto, la sua creatura. Di fronte a quel cambiamento così repentino, mi resi conto che per lui «One More Time» è molto più di un progetto imprenditoriale e professionale: è un'esperienza strettamente legata alla sua crescita come essere umano. Bisogna stare seduti su quella poltrona per capire quanto possa diventare intima l'atmosfera durante la chiacchierata. Il modo in cui Luca ti ascolta ti conduce quasi inevitabilmente ad aprirti molto più di quanto potessi immaginare. Io stesso raccontai cose che non avevo mai condiviso pubblicamente, ad esempio il divorzio dei miei genitori. Avvenne in maniera del tutto spontanea, come se stessi parlando a un vecchio amico. In un certo senso, fu liberatorio.

Quando parlai degli attacchi di panico e della depressione che avevo attraversato, la situazione parve ribaltarsi: gli occhi di Luca si inumidirono, la sua espressione si sciolse perdendo definitivamente la rigidità con cui si era presentato negli studi, persino la sua postura si fece più rilassata. Mi lasciò parlare per tutto il tempo di cui avevo bisogno, poi confessò inaspettatamente di essere in un periodo molto simile. E di come, proprio quella mattina, mentre raggiungeva gli studi, aveva provato un forte e inspiegabile turbamento interiore. Mi ringraziò per la mia delicatezza, perché aveva notato che lo avevo notato ma non avevo detto niente. Poi raccontò di un attacco di panico emerso mentre era con il figlio e a quel punto toccò a me, in quanto neogenitore, sentire qualcosa sciogliersi dentro. Fu un momento di apertura bellissimo, e così raro tra due uomini adulti in una società come la nostra. Ci mostrammo l'uno all'altro senza maschere, liberi dai ruoli e dalle etichette e persino dalla consapevolezza della videocamera. Ci trasformammo in due semplici esseri umani che, pur attraverso percorsi di vita molto diversi, avevano vissuto una sofferenza simile e ne erano usciti più consapevoli, forse più umili, sicuramente più saggi.

Al termine delle riprese, io e Luca ci abbracciammo. Gli chiesi se avesse mai pensato di scrivere un libro, perché ero convinto che in un Paese come il nostro in cui si pubblicano troppi titoli, lui avrebbe potuto trasmettere molto valore con la sua storia e il suo punto di vista sulle cose della vita. Rispose che lo avrebbe fatto solo se fosse stato in grado di dedicarsi al progetto con la massima attenzione. Alla fine, un libro è venuto fuori, ed è quello che tenete tra le mani. Spero che queste pagine possano trasmettervi anche solo in minima parte la magnifica sensazione di essere accolti, accettati e compresi che si prova davanti a Luca quando si è ospiti del suo podcast.

Gianluca Gotto

“ MARIO MACCIONE ”

Ritornare a essere umani

«One More Time» non è un luogo di sfogo per inveire contro qualcuno, è uno spazio di accoglienza dove l’ospite si racconta e io cerco di guidarlo con amore.

Non ricordo la cronaca di quel momento, ci sono professionisti più competenti di me che se ne occupano. La rete è piena di ottimi format per chi cerca quel tipo di approfondimento. Chi è stato al centro di una vicenda giudiziaria forse non ha mai avuto occasione di mostrarsi come persona perché il focus è restato sui suoi sbagli. Nelle mie interviste mi interessa l’essere umano, quella parte emotiva sommersa che non si conosce, per aggiungere tasselli a ciò che racconta la cronaca e permetterci di fare un nostro personale bilancio.

Il capitolo che segue affronta argomenti forti e delicati. Per questo, mi permetto di darvi un consiglio, ed è un consiglio che do prima di tutto a me stesso, ogni giorno: leggete senza giudizio e pregiudizio, solo così riuscirete a portarvi a casa qualcosa di intenso e profondo.

Non avrei mai intervistato Mario Maccione se non avessi percepito con certezza il suo cordoglio e rammarico per quello che ha fatto. L'intervista non vuole deresponsabilizzare, giustificare o togliere colpe per gli atti tremendi che ha compiuto. Ha avuto una condanna a diciannove anni, arrivando a scontarne in carcere, grazie alla buona condotta, quasi quattordici. Tanto tempo per pensare alle terribili conseguenze delle sue azioni, maturare un pentimento sincero, diventare una persona diversa, sensibile e consapevole.

Credo che il più grande patrimonio dell'essere umano sia la reputazione. A chiunque bisogna dare la possibilità di rimettersi in gioco. Se qualcuno ha sbagliato e ha pagato per quello che ha fatto, ha il diritto di avere una seconda chance. Il nostro podcast si chiama «One More Time» perché nella vita si può sempre ricominciare e sarebbe importante che ognuno di noi riuscisse a perdonare e a perdonarsi. Le famiglie delle vittime stanno vivendo un ergastolo emotivo; non ho mai avuto modo di conoscerle e spero di averne presto l'occasione.

Mario Maccione nasce il 15 aprile 1980 a Milano. Fino ai quindici anni vive a Cologno Monzese, in periferia; poi si trasferisce con la famiglia a Brugherio. I suoi genitori sono due persone semplici: suo padre è idraulico ed elettricista in proprio, sua madre estetista e diventerà chef.

Quando Mario è molto piccolo, all'asilo succede un incidente molto spiacevole che lascerà un segno importante sulla sua vita: lui e un suo amico combinano una marachella e una suora per punizione lo prende e, davanti a tutti, gli abbassa i pantaloni e lo sculaccia. L'umiliazione è profonda. Mario la vive come un trauma, ma solo in futuro capirà la vera portata che quell'evento ha avuto nella sua esistenza.

Sua madre è protettiva, in casa comanda lei ed è molto credente. Perciò, l'infanzia di Mario segue il percorso cattolico canonico: battesimo, oratorio, chiesa la domenica, catechismo, prima comunione e cresima. Il padre è una persona buona, calma, pacata, un grande lavoratore. La mattina esce per andare al lavoro e torna ogni giorno dopo le nove di sera. «Lavorava tantissimo, non ci ha mai fatto mancare niente, ma la sua presenza in casa mi è mancata molto.»

Durante le medie, Mario inizia a soffrire l'atteggiamento di sua madre. Il rapporto con lei diventa conflittuale, Mario sente di doversi ribellare. È in questo periodo che scopre il metal. Sta ascoltando la radio e all'improvviso passano *Enter Sandman* dei Metallica. «Non avevo mai sentito una roba del genere, quell'ascolto ha acceso un fuoco dentro di me tanto forte che volevo a tutti i costi procurarmi il CD di *The Black Album*, e alla fine i miei me lo regalarono per la cresima.»

La passione per quel genere lo spinge a interessarsi a uno strumento musicale. Per la promozione, i suoi gli regalano una chitarra elettrica ma è proprio quella chitarra elettrica a portarlo fuori rotta rispetto al percorso che avevano sognato per lui. Luca e il fratello maggiore di due anni fanno atletica leggera a livello agonistico ottenendo buoni risultati, a ogni gara sono sul podio, e i genitori hanno riposto delle speranze nel loro futuro di atleti. Mario, invece, gli dà la prima delusione della sua vita: abbandona l'atletica per dedicarsi a tempo pieno alla musica.

Nel periodo dell'adolescenza si susseguono anche una serie di piccoli episodi in cui Mario manifesta la sua avversione verso la Chiesa. Il trauma subito all'asilo sta montando dentro di lui, è un macigno che non riesce a mandare giù. Questo lo porta a interessarsi all'esoterismo, alla ricerca di argomenti concreti per smontare il pensiero dominante cattolico e praticare il suo anticristianesimo. *Devi credere o sei strano*, sembra dirgli il mondo circostante, ma lui questo non lo accetta. Va in biblioteca a cercare libri che parlino dell'argomento e si imbatte in quelli di H.P. Lovecraft, uno dei più importanti scrittori di letteratura horror, e nei racconti di Edgar Allan Poe. Arriva poi a scoprire Allan Kardec, che nell'Ottocento ha trattato in modo approfondito il tema dello spiritismo e ha inventato la tavola Ouija, uno strumento usato per le comunicazioni medianiche composto da una superficie piatta, in genere di legno lucido o in plastica, sulla quale sono disegnate tutte le lettere dell'alfabeto, i numeri dallo 0 al 9, un *sì* e un *no*, un *addio* e a volte due *ciao*, il cui utilizzo è abbinato a un indicatore mobile, la *planchette*.

Connettersi con i morti e parlare con gli spiriti per distruggere la credenza cristiana diventa la missione di Mario. «Mi sentivo come un esploratore alla ricerca di conferme che il mondo cattolico fosse sbagliato.» Quello che succede dopo è quasi automatico. Grazie a un film horror, inizia a organizzare delle sedute spiritiche. Ne organizza parecchie con un suo amico di scuola, e Mario fa un po' da medium applicando quello che impara sui manuali esoterici.

«Le prime sedute spiritiche le ho fatte tra i dodici e i quattordici anni. Nel mio condominio c'era un garage. Una volta stavamo facendo la tavola Ouija e a un certo punto abbiamo guardato verso l'etere: c'era un raggio di luce che veniva dall'alto e si è creato una specie di vapore violaceo al cui interno si è formata una faccia veramente inquietante. Ci ha spaventati a morte e siamo scappati.»

Mario è coinvolto anche nelle prime risse. Essere metallaro non è semplice, in quel periodo. Gli altri ti prendono in giro. Se sei diverso devi farti valere altrimenti ti schiacciano.

Quando deve scegliere la scuola superiore, i suoi genitori lo mandano dai preti salesiani. «Vedrai che ti raddrizzano loro» gli dicono. È un istituto solo maschile per periti elettronici. L'approccio è molto rigido. «I preti alzavano le mani e usavano metodi coercitivi, con il consenso dei genitori.»

Mario la prende come una sfida. Si presenta in classe indossando felpe metal con raffigurati dei teschi, pantaloni strappati, giubbotti di pelle. Inoltre, spesso porta un crocifisso al contrario. «Il prete principale, quello più severo, mi ha adocchiato subito, mi aveva già detto 'tu vedrai che cosa ti succede'. Era quello che volevo io, attirare l'attenzione, era lì che volevo arrivare.»

Mario fa anche le prime esperienze a Milano. Prende la metropolitana con il suo amico delle sedute spiritiche e va a cercare altri metallari come lui, perché nel suo paese ce ne sono pochi e sono troppo grandi per loro. Vuole trovare gente che abbia le sue stesse passioni: il metal e l'esoterismo.

Dopo sei o sette mesi di scuola riesce finalmente a farsi cacciare dai salesiani. I suoi genitori la prendono malissimo e lo mettono davanti a un bivio: o andare a lavorare con il padre o trovare un'altra scuola dove poter finire le superiori.

Ha già provato a lavorare con suo padre, durante le vacanze, ma il sacrificio lo spaventa. Non vuole ritrovarsi a vivere la sua stessa vita, non vuole stare fino alle nove di sera tutti i giorni a lavorare come uno schiavo.

Decide allora di iscriversi al Don Calabria a Cimiano, una scuola professionale meccanica, specializzandosi come saldatore. È un istituto professionale che ti immette subito nel mondo del lavoro ed è frequentato soprattutto da persone di periferia, gente che non ha voglia di studiare, che proviene da contesti popolari, ragazzi sopra le righe.

Mario si presenta con il suo look da metallaro, la sua aria da duro, i capelli lunghi. Alle altre persone sembra più grande della sua età, e lui non ha paura di mostrarsi per quello che è. Si conquista subito il rispetto di tutti e si integra. Per la prima volta prova la marijuana e l'hashish, fuma le prime sigarette, comincia a bere qualche birra. È incazzato dalla mattina alla sera, all'inizio per apparenza, vuole mostrare un'attitudine che nel suo contesto risulta figa, ma poi finisce davvero per sentire molta rabbia.

Comincia a frequentare la Fiera di Senigallia, fa le prime uscite al Midnight, al Parco Sempione, i luoghi di ritrovo abituali per gli appassionati di musica metal e hard.

Il 1995 è un anno cruciale per lui. Sulle riviste metal di quel periodo, in particolare su «Metalshock», c'è una sezione per gli annunci. «Scrissi il mio per cercare un batterista che suonasse nella mia band *Ferocity* e così conosco Fabio, un metallaro quattordicenne di Cologno Monzese.»

All'annuncio risponde anche Paola, con la quale Mario intrattiene per un periodo un'amicizia. Si scambiano audiocassette e lettere. «Avevo pensieri un po' estremi e li mettevo nelle lettere, poi mi tagliavo e macchiavo i fogli, o inserivo dentro la busta delle lamette sporche di sangue. Le mandavo delle mie foto dove mi atteggiavo, con crocifissi rubati dai cimiteri messi a testa in giù. Lei, invece, una sua foto non me l'ha mai mandata. Usavo con lei una parte di me molto da fuori di testa, pensavo *o faccio colpo o la spavento.*»

Mario riesce a conquistarla, ma all'interno del suo piccolo gruppo si pensa che l'amore sia una cosa sbagliata, qualcosa che ti indebolisce. E allora la respinge e prende le distanze con delle scuse.

Nel frattempo trova anche il bassista per la sua band alla scuola di fianco alla sua, si conoscono alla fermata della metropolitana di Cimiano, hanno entrambi il chiodo e le borchie, si guardano e diventano subito amici. A Brugherio, il suo paese, conosce anche altre due persone che ascoltano metal. Una di queste fa i tatuaggi, ha ventidue anni. «Avere un tatuatore come amico mi esaltava. Il primo tatuaggio, dei demoni con le croci rovesciate, l'ho fatto allora. Era una cosa coraggiosa farlo, non era come adesso che tutti si tatuano. Lui già prendeva acidi, trip, micropunte, pastiglie, fumava cocaina, eroina, roba pesante. E io, per sentirmi più grande, ho iniziato a seguirlo.»

Mario coinvolge nel mondo degli spiriti sia Fabio che le due persone che ha appena conosciuto, e tutti insieme fanno delle sedute spiritiche di livello avanzato, che li portano verso pericolosi sentieri di autodistruzione. Decidono che senza le droghe non ha senso farle. Si fumano una canna prima di fare la seduta, e durante si prendono un *trip* a testa. «Erano sedute che avevano lo scopo di attivare la percezione, ci richiamavamo a Jim Morrison, volevamo varcare *The Doors of Perception*, secondo un verso di William Blake.»

Anche in queste sedute, il medium è lui. Sotto gli effetti devastanti delle droghe hanno tutti una percezione molto distorta di quello che realmente succede.

Mario ha la fissazione di far espandere il piccolo gruppo formato da lui, Fabio e le due persone di Brugherio. Un gruppo che considera finalizzato allo studio esoterico e alla pratica dell'anticristianesimo. Vanno allora alla Fiera di Senigallia a reclutare nuove leve e vedono un tipo con una croce rovesciata e un pentacolo, la classica stella a cinque punte. Capiscono subito che è la persona giusta. Scoprono che è un satanista. Mario è attratto dai demoni, sempre in ottica anticristiana, e così si mettono d'accordo per fare sedute spiritiche che li evochino. «Non era un rituale satanico, non era neanche satanismo acido, era più una roba fai da te.»

Il satanista dice di conoscerne un altro, uno che pensa di essere un vampiro e il cui padre era stato arrestato per omicidio negli anni Settanta. Quando era successo, sui giornali era comparso un titolo in cui lo si definiva Satana. Lui, perciò, era diventato il figlio di Satana e questo aveva rafforzato in lui la convinzione di essere un satanista. Anche se non lo è veramente, decidono di reclutarlo. «Se trovavo gente che supportava il mio pensiero, per me andava bene tutto.»

I sei escono insieme, vanno ai concerti, nelle zone di ritrovo, e continuano a organizzare le sedute spiritiche e discutere di argomenti anticristiani. Pian piano la situazione inizia a prendere una piega un po' diversa. «Usavamo un calice di bronzo e col pestello mischiavamo dentro marijuana, cocaina, mescalina, LSD. Poi lo riempivamo di alcol puro a 96 gradi. Veniva fuori una pozione allucinante. Facevano il giro e tutti bevevano un piccolo sorso, poi arrivava a me che ero il medium e mi dovevo bere ciò che restava tutto in una volta. Perdevo coscienza, avevo delle allucinazioni, e gli altri vedevano in me quello che volevano vedere. Finita la seduta, mi dicevano 'il demone è entrato in te e ha detto di fare questo o quello'. E ognuno si inventava robe strane. Eravamo sempre strafatti.»

Arriva un momento in cui non c'è neanche più bisogno di fare una seduta spiritica perché ciascuno di loro senta i demoni ordinargli qualcosa. Un giorno ricevono indicazione di andare a eliminare delle entità positive alla riserva Invernizzi, una cascina abbandonata. Riescono a entrare e all'interno trovano una piccola chiesetta sconsacrata. Sulle pareti, con vernice e pennelli, disegnano simboli esoterici (pentacoli, croci rovesciate e il numero 666). È quella l'occasione in cui Mario afferma che il loro gruppo si dovrà chiamare Bestie di Satana. «Però in inglese, *The beasts of Satan*, che fa più effetto band.» Sono tutti d'accordo.

Tramite un altro partecipante entra a far parte del gruppo una persona totalmente priva di empatia, violenta, che si fa di eroina e scombussola gli equilibri interni. Da quel momento, sparisce completamente l'interesse per le sedute spiritiche. Al loro posto arrivano le prove di coraggio, che servono soprattutto a quelli come Mario, ai più piccoli, che nel gruppo ora sono tre, per dimostrare agli altri cinque che hanno le palle.

Pian piano si crea una specie di scala gerarchica, in cui i grandi decidono e impartiscono prove di coraggio sempre più rischiose e i piccoli devono obbedire. Nessuno può tirarsi indietro e le cose che fanno devono restare segrete, le sanno solo i membri della banda. E dalla banda si può uscire soltanto da morti.

È subentrato il fanatismo. Mario riconosce che queste pratiche sono pericolose, però si esalta perché vuole far vedere agli altri il suo valore. «Mi alzavo incazzato e andavo a dormire incazzato. Pensavo solo alle prove di coraggio e ad avere dei soldi per potermi drogare, per bere e fumare.»

Continuano a reclutare gente per allargare il gruppo. «Eravamo psicologicamente deviati e influenzati da quel mondo che ci eravamo costruiti, ma lo stavamo esportando anche all'esterno e ci sentivamo ancora più grandi, in particolare per la piega violenta che aveva preso la situazione.»

Tra le prove di coraggio ce n'è una che chiamano *La bici cross*. Di notte, vanno in una cava e le girano intorno con la bici, sempre più veloci, e all'improvviso scendono giù e rotolano. Il rischio è di ammazzarsi. «Oppure c'era la prova del buttarsi da una macchina a 80 km/h, me l'ero inventata io. *Il binario*, invece, era una cosa proposta dal gruppo: c'erano dei binari che passavano nella zona dei campi vicino a Vignate, si aspettava che il treno arrivasse e all'ultimo bisognava correre dall'altra parte, la sfida era andare sempre più vicino al treno. Un'altra molto pericolosa consisteva nello sfidare un altro gruppo provocando la rissa. Ho incassato un bel po' di botte, in queste prove, perché mi si buttavano addosso in dieci. Però mi sono sempre salvato, ho sempre avuto fortuna, e in questo modo si rafforzava in me l'idea di essere quasi immortale.»

A un certo punto nella routine della banda subentrano le orge. Sono più che altro un momento di svago condiviso, fine a se stesso, dei festini.

Fabio è un ragazzino entusiasta, sempre allegro, a cui piace suonare e fare le imitazioni di Lino Banfi perché è di origini pugliesi. Prende con leggerezza tutto, anche le prove di coraggio. Se ci sono delle situazioni serie da affrontare tra di loro, lui ci scherza su sdrammatizzando, e con questo suo modo di essere mina l'importanza di essere dei duri che sostengono i grandi. La cosa non è ben vista.

Un giorno arriva a provarci con Barbara, la ragazza di quello che crede di essere un vampiro. Fabio probabilmente fraintende il comportamento di alcune donne che durante le orge si concedono e pensa di poterci provare anche fuori da quel contesto.

Barbara lo racconta a tutti e *il vampiro* decide di vendicarsi. Coinvolge quasi tutto il gruppo tranne Mario, perché lo considera troppo amico di Fabio.

«Succede che una sera andiamo in Villa Fiorita a Brugherio, un parco vicino al centro. Erano le dieci di sera, io e Fabio avevamo degli orari, non potevamo sgarrare più di tanto. Andiamo dentro e all'improvviso vedo che prendono le sigarette, guardano male Fabio e cinque di loro gliele spengono addosso e *il vampiro* lo morde lasciandogli una brutta ferita sulla spalla. Fabio non ha cercato di difendersi, si è lasciato fare tutto questo, come a dire me lo merito. Forse ha pensato fosse una prova di coraggio. Invece io a quel punto li blocco dicendo 'ma che cazzo state facendo? Lasciatelo stare!'»

Mario capisce che hanno superato un confine: non sono più fratelli, gli amici veri di quando facevano le sedute spiritiche. Tra loro si è insinuato qualcosa di diverso. Ormai fanno tutto sotto effetto di droghe, essere lucidi non è nemmeno contemplato. *Il vampiro*, quando compie questi atti, lo fa appoggiato dagli altri, si stanno dando forza uno con l'altro, nel negativo, nella follia.

Il padre di Fabio, quando lo trova in quelle condizioni, prende i numeri di telefono dalla rubrica del figlio e chiama tutti gli amici per capire cosa sia successo. Mario dà spiegazioni vaghe per proteggere il gruppo e anche Fabio non dice niente, si inventa che è stato vittima di una rissa.

Passato neanche un mese, Fabio ci riprova. Questa volta con Chiara, l'unica donna che fa parte del gruppo e che era stata tirata in mezzo sempre dal *vampiro*. Anche lei partecipa alle orge, e fa sesso anche con più di uno di loro alla volta.

Gli altri del gruppo la prendono malissimo: devono pagare. È una punizione, ma la spacciano per una prova di coraggio. Dicono a entrambi di entrare in una macchina nel cui serbatoio qualcuno ha messo dei petardi. Quando comincerà a bruciare devono rimanere dentro il più possibile. Lo fanno, e per fortuna riescono a uscire in tempo. Fabio è super esaltato, ha passato una prova bella tosta, e Chiara lo stesso. E *il vampiro* si risente ancora di più.

Diciassette giorni dopo, nel gennaio del 1998, il gruppo decide di sottoporli a un'altra prova di coraggio. «Non c'era l'intento di uccidere, ma si era capito che sarebbe stato qualcosa di molto grave, qualcosa di diverso da quello che avevamo fatto fino a quel momento.»

Una persona, Andrea Bontade, avrebbe dovuto fare da palo, ma quella sera non si presenta all'appuntamento. Vanno in cinque: Fabio, Chiara, Mario e altri due grandi, compreso quello che ha portato la violenza all'interno del gruppo. «Arriviamo in un bosco a Somma Lombardo. È buio completo perché non c'è neanche la luna. I due grandi hanno le torce e notiamo tutti che nel punto che illuminano c'è una buca scavata. Quando ho visto la buca e ho capito che loro erano armati, ho pensato solo una cosa: se voglio sopravvivere, devo ammazzare tutti. Poi mi sono trovato con una coltellata alla mano, ma non so dirti come sia accaduto, ho avuto un attacco di panico.»

Fabio e Chiara vengono assassinati con decine e decine di fendenti. Fabio prende anche delle martellate sul volto, e a dargliele è proprio Mario. Lui non si ricorda niente, sono gli altri a raccontarglielo, la sera stessa, mentre tornano a casa.

Il giorno dopo bisogna innanzitutto punire il tipo che non si è presentato, il palo, Andrea Bontade. Era stato tra quelli che avevano scavato la buca, quindi deve pagare. «Siccome si era passato già il confine, il fatto di dire che doveva pagare era una cosa reale, adesso si moriva, non si trattava più di una sigaretta spenta o di un morso.»

In diverse occasioni alcuni membri del gruppo tentano di stordirlo con un cocktail a base di droghe pesanti come trip e micropunte. L'intento è di indurlo, a poco a poco, al suicidio. Passano i mesi e, dopo averlo portato ad annullarsi come persona, una sera gli mettono dieci mila lire in mano e gli dicono: «Se non lo fai tu lo facciamo noi». Il 21 settembre 1998, al termine di una serata trascorsa in un locale con gli altri membri durante la quale aveva bevuto parecchi alcolici e assunto stupefacenti, Bontade sale sulla sua Fiat Punto e si schianta contro un muro ad alta velocità. Muore sul colpo.

Poi avviene la fuga di un altro di loro: il tatuatore. Non riesce più a reggere questa storia, soffre di attacchi di panico, fa uso di droghe in modo sempre più massiccio. Vogliono farlo fuori perché hanno capito che non c'è più con la testa. Il rischio è che parli. Lui sparisce e gli altri vanno in paranoia.

Mario, che si offre di cercarlo per farli stare buoni, nel 1999 inizia il servizio civile in Croce Rossa. Un giorno va a portare una persona con problemi psichici a Villa Serena, a Monza, e lo trova lì, ricoverato, ma non dice niente. Torna dagli altri e dice che non è riuscito a rintracciarlo.

A quel punto, però, vuole sapere bene cos'è successo quella sera.

L'unico che gli dice qualcosa è quello che ha rotto gli equilibri del gruppo. Dopo avergli raccontato tutto, lo avvisa: se parla paga solo lui, perché il suo sangue è là nella buca.

«È stata una scena un po' folle, ci siamo dati la mano. Abbiamo detto: *l'ultimo che rimane vince*. In quel momento non c'era più nessuna fratellanza, non si guardava più in faccia a nessuno.»

Mario non ne parla. L'unica a cui accenna vagamente qualcosa è la ragazza delle lettere, Paola. «Le scrissi 'non possiamo più sentirci perché ho combinato una cosa molto grave'. Non volevo che lei potesse correre dei pericoli ed ero talmente paranoico che le avevo mandato la lettera con un altro nome pensando di avere la polizia addosso. Lei mi rispose 'parlami di questa cosa, non mi interessa quello che hai fatto, voglio capire cosa sta succedendo'.»

Si danno un appuntamento per vedersi finalmente dal vivo, in realtà Mario ancora non ha mai visto neanche il suo viso perché Paola continua a non inviargli nessuna sua foto. Lui però le dà buca: sa che se arrivano a vedersi e conoscersi non riusciranno più a staccarsi, e non vuole metterla in pericolo. Realizza che deve rinunciare a questo amore per salvarla e interrompe i contatti.

Quando Mario capisce la gravità della situazione non può più tornare indietro. È arrivato a un punto di non ritorno. Gli altri continuano a reclutare gente, l'organizzazione si espande, ma lui non ne fa più parte, per loro è un nemico da fare fuori.

Inizia un nuovo periodo di follia totale. Gli altri sanno che Mario non parlerà, ma lo tengono comunque d'occhio e lui fa altrettanto con loro. Quando non li sente o non li vede si preoccupa. Allora per tenerli sotto controllo chiama due di loro e gli chiede di formare una band. Si incontrano e loro lo portano in macchina in una baita con la scusa di mangiare qualcosa dopo una sessione in sala prove. Mario ha una Smith&Wesson, una pistola che tiene sempre con sé nella custodia della chitarra. «Mi sono lasciato portare, in quel momento non me ne fregava più un cazzo, ho detto *succeda quello che deve succedere*. Volevo farla finita con questa storia.»

Tentano di spararargli ma lui riesce a scappare e il giorno dopo, mentre torna a casa sul treno, la persona che ha provato a ucciderlo gli si avvicina e si scusa, come se niente fosse.

Mario non ha paura, è depresso, paranoico, non riesce più neanche ad avere una relazione *normale*, continua a cambiare lavoro. Sopporta la situazione solo grazie alle droghe. «Avevo iniziato a drogarmi per sperimentare, ma poi è diventato un bisogno per evadere e alla fine è stata la medicina per curarmi.»

Per sei anni la scomparsa di Chiara e Fabio resta un mistero, così come il suicidio di Andrea Bontade. La polizia non ha sospetti. Nessuno di loro desta dubbi e riescono a confondere le acque. Sono quasi tutti ragazzi della porta accanto, lavorano o studiano, vivono con i genitori e provengono da contesti di periferia, ma non di disagio.

Il padre di Fabio non molla. Ha capito che loro sanno qualcosa e a un certo punto Mario non vuole neanche più vederlo perché non riesce ad affrontarlo. Ha paura di lui, ma spera che continui le ricerche perché questo tiene viva la sua speranza. «Ho detto *se scopre qualcosa tutto finirà*. Io non riuscivo a parlare, non volevo prendermi tutta la colpa e non avevo il coraggio di distruggere la mia famiglia, che non aveva intuito niente di quella situazione.»

Mario sa che prima o poi succederà qualcosa di grave. Anche gli altri, in un'ossessione paranoica, si convincono che qualcuno possa arrivare alla verità. Hanno paura in particolare di Mariangela Pezzotta, ex fidanzata di quel personaggio che ha rotto tutti gli equilibri del gruppo. Sospettano che possa parlare, per cui gli ordinano di eliminarla.

«Quella sera mi hanno chiamato sul cellulare e mi hanno chiesto di andare a una festa. Erano fattissimi. Io li ho mandati a fanculo e gli ho chiuso il telefono in faccia. Il giorno dopo scopro al telegiornale che l'avevano ammazzata.»

L'assassino decide di collaborare con la giustizia e scoperchia il vaso di Pandora. «È stato l'unico gesto buono che ha fatto. Anche se non l'ha fatto in buona fede ma per avere una riduzione di pena. Almeno ha messo fine a tutto. Io avevo bisogno di essere tolto dalla società per essere rimesso a nuovo, con la testa non c'ero più, non ero più io, ero una persona sbagliata. L'unico modo per uscirne era farsi arrestare.»

Passano sei mesi. Una mattina, Mario si sveglia alle sei, ancora un po' sconvolto dal fungo che ha preso la sera prima. Bussano alla porta. I poliziotti sono venuti a prenderlo. «Vedere la faccia dei miei genitori che non riescono a capire che cosa sia successo è devastante. Durante il tragitto uno dei Carabinieri mi dice 'lo sai che questo è l'ultimo viaggio da libero che fai?' rispondo 'sì, lo so' pensando che non importa cosa succederà in quel nuovo mondo dove sto andando, ora è finalmente finita'.»

Quella catena di sangue e orrore è costata a Mario una condanna a diciannove anni di carcere.

Inizialmente lo sistemano in isolamento alla vecchia infermeria di Busto Arsizio. È un isolamento diurno, perciò è chiuso in cella dalla mattina fino alle sei di sera. «Resterò lì un anno, ma non lo potrò mai dimenticare perché era un luogo fatiscente, una specie di cantina piena di muffa maleodorante. Anche l'ora d'aria la si passa andando avanti e indietro in un'altra stanza coperta.»

Ci sono persone con la scabbia, con la tubercolosi o con altri problemi gravi, e una sola doccia per tutti. La prima cosa che fa Mario quando arriva è tagliarsi i capelli a zero e comprarsi un sapone allo zolfo. Ciascun detenuto ha un conto carcerario in cui può depositare i suoi soldi o farseli inviare da fuori: in questo modo può fare la spesa scegliendo i prodotti che vuole da una lista.

Dopo due o tre mesi può avere i primi colloqui con la famiglia. All'inizio si presentano solo suo padre e suo fratello. Sono conversazioni tra estranei, lo guardano come se fosse un Mario nuovo, che loro non si aspettavano. Hanno tutti bisogno di metabolizzare quello che è accaduto e perciò devono ripartire da zero. Mario pian piano riesce a riempire quel vuoto, racconta, dà spiegazioni. Con sua madre invece ci vuole più tempo. Lei è davvero sotto shock, sta vivendo un trauma. Durante i colloqui è un po' aggressiva, piange molto. «Io non riuscivo a interagire con lei perché la situazione non era mai tranquilla. Poi ha capito che quel comportamento era veleno per me, e anche per se stessa, accumulavo solo più sensi di colpa vedendola così e lei non riusciva a ottenere le spiegazioni che voleva. Ci siamo aiutati a vicenda e ora abbiamo uno splendido rapporto.»

Passare il tempo in isolamento è veramente duro. Da fuori è difficile capire davvero cosa significhi essere privati della libertà. La prima cosa che Mario deve imparare è che esiste la cella fisica, ma la gabbia mentale è quella peggiore. Quando gli danno una TV passa tutto il tempo a guardarla, ma è controproducente, perché la mente si spegne.

«I primi tempi sono stati devastanti, non prendevo i farmaci giusti, mi davano solo dei calmanti blandi per dormire, ma non ci riuscivo. Ero in astinenza dalle droghe, avevo smesso di assumerle all'improvviso, dopo nove anni di abuso. Sono stato malissimo.»

Subentra una fase in cui si annulla, passa tutto il giorno a letto, è depresso. Poi inizia a pretendere aiuto, non trova una scappatoia, è sempre alla ricerca di un contatto fisico, fosse anche quello con un agente di polizia. Non riesce più a reggere la situazione di isolamento e non trova dentro di sé un'alternativa per sfogare la rabbia che ha dentro.

«Vai a letto la sera e pensi *domani sarò ancora qua*; quando inizi a pensare che lo sarai anche tra un anno, e quello dopo, e quello dopo ancora, rischi di impazzire. È davvero complicato trovare la forza, perché il cervello agisce, non lo controlli più, non sai come salvarti.»

Allora la cosa più importante è credere in se stessi. Mario come prima cosa si impone di pensare tutti i giorni *io uscirò di qua* e per riuscirci tiene in salute corpo e mente. Si allena, arriva a fare anche mille flessioni al giorno, in modo da arrivare stravolto alla notte e addormentarsi subito. Cerca di mantenere il contatto con la realtà chiacchierando il più possibile con chiunque.

Per uno strano paradosso della vita, la prima persona che lo aiuta in isolamento è un prete. «È venuto da me, visto che la mia situazione era disperata, e mi ha detto 'ma perché non leggi un libro?' Il primo approccio è stato ovviamente con la Bibbia. Io non volevo saperne e allora mi ha proposto *La città della gioia* di Dominique Lapierre. È stato molto bravo a consigliarmelo perché parla di persone che soffrono, in libertà ma privati di tutto per colpa di una povertà estrema. Pensare a chi sta peggio ti dà un po' il coraggio di dire *vabbè, okay, posso uscire da questa situazione in qualche modo.*»

In tutte le carceri ci sono i volontari di qualche associazione culturale che si occupa della biblioteca e passano davanti alle celle con frequenza regolare, raccolgono le richieste e vanno a cercare i libri oppure, se il detenuto non ha idee, gliene propongono qualcuno loro.

Quando lo spostano a San Vittore, Mario vive una nuova crisi.

«È difficile da spiegare a una persona che non ha vissuto in carcere, però i trasferimenti creano dei piccoli traumi, perché si diventa parte di quei cinque metri quadrati di cella, e quando la cambi devi fare uno sforzo importante per riadattarti, prendere confidenza con ogni angolo e dettaglio di quel nuovo ambiente, dato che ci passerai la maggior parte delle tue giornate.»

Mario non ha problemi con gli altri detenuti. Negli anni si è fatto molti amici. Anche in carcere, come fuori, ci sono belle persone e altre che lo sono meno. C'è gente di tutti i tipi, anche individui che erano considerati dei bravi cittadini ma a un certo punto sono finiti a commettere qualche crimine.

Un giorno Mario riceve la visita di Roberto Bezzi, un educatore molto serio e professionale che lavora nel carcere di Bollate. Bezzi valuta la sua situazione e ritiene che Mario possa essere recuperato. «Avevo delle speranze, secondo lui. Ha creduto in me e questo è stato molto importante.»

Poco tempo dopo essere arrivato a Bollate, Bezzi lo fa entrare in una sala. Mario non crede ai suoi occhi: è piena di strumenti musicali, gli sembra di essere tornato alla vita. Da tre anni e mezzo non tocca una chitarra. È molto emozionato. «Bezzi mi disse 'ti piace questo posto? Da domani, sei tu che lo gestisci'.»

Mario si dedica anima e corpo a quest'attività. Inizia a pensare in grande. Si dice *questo spazio è bellissimo, perché non condividerlo?* Fa una tabella con dei giorni e degli orari per il suo utilizzo. Decide di insegnare chitarra e coinvolge altri detenuti, cercando chiunque sappia suonare uno strumento e abbia voglia di dare lezioni. E poi forma dei gruppi musicali, organizza concerti e altri eventi. Sente che piano piano inizia a seminare una nuova vita, un nuovo Mario. Riparte da quel Mario ragazzino che alle medie scopre la musica con i Metallica, e lo migliora con tutta l'esperienza che ha acquisito. Da molto tempo non era così spensierato e felice.

Appena entrato in carcere, nel 2004, ha affrontato la sua pena, pensando di averla meritata, di dover pagare per quello che aveva fatto.

«Io non mi sono mai sentito un mostro ma sono entrato nella parte, perché gli altri pensavano lo fossi. È una parte dura, difficile, per la quale ho dovuto indossare una maschera. Ma quando lo si fa bisogna essere coscienti di averla, perché solo così un giorno te la potrai togliere e diventare un'altra persona.»

Negli anni, soprattutto grazie all'esperienza a Bollate, Mario capisce che può esserci un modo diverso di concepire il carcere. Non dovrebbe essere una punizione, ma un modo per portare chi ha sbagliato a essere rieducato e inserito nuovamente nella società.

«Il cittadino paga le tasse per vivere in sicurezza. Diversi studi psicologici hanno confermato che più si tortura il detenuto, più si vendicherà quando esce. Butterà fuori tutte le sue frustrazioni, tutto quello che ha subito dentro lo riverserà con rabbia nella società. E sarà una persona disadattata, mentalmente segnata, e pericolosa come e più di prima. Questo non ha senso.»

Sono stato a Bollate per organizzare e girare una puntata all'interno del carcere, la prima di una serie che si chiama *Ombre* e che dalla prossima stagione porterà diverse novità al podcast. Avevo desiderio di vivere l'esperienza da dentro, di intervistare un detenuto perché sapevo che sarebbe stata molto arricchente. Abbiamo scelto di intervistare Alessio Magnani, che resterà in carcere fino a gennaio 2030. Da questa esperienza mi sono portato a casa tantissime emozioni e più consapevolezza sull'argomento. Ho capito che la vera sfida è cambiare in meglio chi commette un reato.

I casi di recidiva, cioè quelli in cui il condannato dopo aver scontato la sua pena commette un altro reato, a Bollate, dove esiste un sistema di rieducazione molto efficiente, sono più o meno intorno al 17%. Guardando un'intervista che Mario ha fatto con Ale Della Giusta, un ragazzo che ha un canale YouTube e che ho intervistato per la quarta stagione, ho scoperto che nelle altre carceri il tasso di recidiva è del 70%.

Per Mario, finalmente, le cose stanno andando bene. Ma all'improvviso comincia a pensare che tutto quello che fa è inutile, che starà dentro per sempre, e ha una ricaduta inaspettata. Sprofonda nei meandri più tetri della depressione, travolto da una tristezza logorante. Sta sempre a letto o va in giro in pigiama, non vuole più vedere e sentire nessuno, rifiuta le cure dello psichiatra e il supporto di uno psicologo, si alza solo per mangiare, non si lava più, è completamente bloccato.

Questo periodo dura circa sei mesi. Dopodiché, comincia il viaggio verso il nuovo Mario. E comincia perché Mario raggiunge una grande consapevolezza: possiamo considerarci delle vittime della vita, pensare alla sfortuna che abbiamo avuto, colpevolizzare gli altri per quello che ci sta succedendo e arrabbiarci con il mondo intero, ma è solo cambiando il nostro pensiero che anche la situazione in cui siamo può cambiare. Scoprire dentro di noi il perché siamo capitati in quel brutto momento, approfondire le ragioni che ci hanno portato fino a lì, è il primo passo che possiamo compiere verso la rinascita. «Così ho detto basta, devo solo avere pazienza e tanta forza per risalire da questo fondo. Sono in una fogna e devo riuscire a vedere una luce. Capisco che devo affrontare qualcosa di grosso dentro di me.» Mentre Mario fa un percorso interiore, la psichiatra lo aiuta a uscire dalla depressione somministrandogli degli psicofarmaci.

A Bollate, oltre a occuparsi della sala musica, decide di spendere il suo tempo in maniera costruttiva ascoltando le storie personali dei detenuti. Facendo domande e interessandosi a loro, capisce che la vita ti può portare ovunque, che in determinate condizioni l'essere umano è capace di commettere qualsiasi crimine, ma ogni reato ha il suo perché ed esiste una cura per ciascun detenuto. Le storie degli altri lo aiutano a ricostruire il suo puzzle personale, esattamente come succede a me con ognuno degli ospiti di «One More Time».

Nel 2015 Mario inizia anche il suo periodo di scarcerazione. Intanto con il volontariato alla Casa della Carità, poi per un progetto lungimirante tra il Comune di Milano e Bollate per l'Expo di Milano. Funziona un po' come fuori, non c'è lavoro per tutti. «Anzi Bollate è quello che ne ha di più, nelle altre carceri non c'è lavoro quasi per nessuno.»

È in questo periodo che gli arriva inaspettatamente una lettera di Paola. Mario non l'ha dimenticata, dentro parla in continuazione di lei ai suoi amici. «Dicevo sempre a tutti 'ma chissà se si è sposata, chissà se è impegnata o è libera'.

Ma non sapevo più dov'era e come raggiungerla. Non sapevo più niente di lei.»

Paola ha letto il libro che Mario ha scritto nel 2011, e da lì trova il coraggio per contattarlo.

«Mi ha scritto che mi era vicino e ho capito che non ti puoi opporre a certe cose. Forse ci avevamo sempre creduto entrambi e così, dopo undici anni dalla prima lettera, l'ho accolta e le ho scritto: 'Paola, dobbiamo ricominciare, non sono più quello di prima'. E lei mi ha risposto 'lo so, già sapevo che non eri quello'.»

Quando per Mario sembra essere arrivato un momento di risalita, viene a mancare suo padre per un infarto fulminante. «Penso che tutto l'insieme lo abbia indebolito e purtroppo per me è stato un colpo, viverlo da dentro è diverso. Un giorno mi aveva anche detto 'meno male che sei finito in carcere perché adesso stai bene.' La cosa triste è che lui sperava di vedermi fuori, era fiero di me perché mi aveva visto cambiato, era contento e mancava solo un anno, avevo già iniziato i permessi e il volontariato, entravo e uscivo dal carcere.»

È un altro salto nell'abisso. Mario si lascia andare e si fa di nuovo travolgere dalla tristezza. A Bollate ti permettono di avere un computer per studiare, per scrivere, però deve essere sempre offline. Per contattare Paola, Mario riesce a procurarsi una connessione. Non gli basta più solo scriverle, il rapporto sta diventando sempre più intenso, si sono visti per la prima volta di persona, hanno passato i primi permessi insieme.

Ma scoprono che si collega a internet e perciò lo trasferiscono a Monza, nel carcere punitivo, a trascorrere gli ultimi sei mesi di pena.

Dopo l'esperienza riabilitativa di Bollate si ritrova al punto di partenza, in un carcere con un tasso di suicidi altissimo.

Tira avanti grazie a Paola, fino a che, nell'ottobre del 2017, viene rimesso in libertà. Dopo tredici anni e mezzo di carcere.

«Ho diviso in quattro vite la mia esistenza: la prima va da quando sono nato fino alla terza media; la seconda inizia dalla terza media (1995) e dura più o meno fino al 2004, ed è quella del reato; la terza è quella della carcerazione; la quarta è quella che sto vivendo adesso, in libertà.»

Il percorso di rinascita fuori dal carcere lo avvicina a quelle che sono ancora oggi le sue passioni: la musica e la scrittura.

Milano però lo soffoca, la gente, quella frenesia, la freddezza delle relazioni, tutto quel cemento. Quell'aria non gli piace, lui cerca libertà. «Mi sembrava di essere uscito da un carcere e di essere entrato in uno più grande.» Succede a tanti ex detenuti: a un certo punto senti un continuo richiamo della natura. Il fatto è che quando sei dentro, se chiudi gli occhi, sogni sempre un paesaggio all'aperto, il mare, la montagna.

Insieme a Paola decidono di trasferirsi in Sardegna, dove Mario trova il suo posto ideale in una natura incontaminata della quale non potrà più fare a meno.

«Nessuno di noi è un mostro o è nato mostro. Non sono qui a dire che siamo tutti innocenti o che chi ha sbagliato è per forza una persona che può cambiare. Però è giusto sapere che si può fare. Non ci sono limiti. Noi non siamo le nostre convinzioni.»

Sono certo anche io di quello che dice Mario. Cambiare il modo di vedere e pensare può cambiare il mondo in cui vivi. Nessun essere umano nasce cattivo, ognuno di noi è il frutto del contesto in cui è cresciuto, delle persone che ci hanno educato, delle frequentazioni che abbiamo avuto, delle difficoltà che abbiamo vissuto. Tutto questo condiziona la direzione della nostra anima. Può capitare, come è successo a Mario, di sentirsi trasparenti per il resto del mondo e di trovare il posto sbagliato dove rifugiarsi per sentirsi importanti. Ma non è mai troppo tardi per perdonarsi e provare a cambiare strada.

Con il cuore, da Mario Maccione

Ricordo di aver visto un paio di puntate di «One More Time», e subito mi aveva colpito il taglio del podcast fatto in bianco e nero con il virgolettato rosso. E la voce di Luca era piacevole.

Luca mi fece arrivare l'invito di «One More Time» tramite un amico in comune.

Non avevo mai partecipato a un podcast, era un'esperienza assolutamente nuova, non sapevo bene cosa aspettarmi, pensavo d'istinto di dover affrontare una sorta di mini-processo, ma i miei sospetti si assopivano ripensando alle altre puntate che avevo visto in precedenza. Ero combattuto e il suo invito mi intrigava.

Dopo aver fatto la pre-intervista di conoscenza con altri colleghi di Luca ho subito capito che avevo a che fare con persone molto comprensive e intenzionate a ripercorrere tutto il mio percorso fino a oggi, non c'era nessuna intenzione di analizzare il mio caso giudiziario, il tema dell'intervista era incentrato sulla mia storia personale e il mio cambiamento. Ho accolto il loro interessamento e il progetto reale di «One More Time»: raccontare storie di vita e di rinascita.

Ho conosciuto Luca di persona il giorno dell'intervista, abbiamo fatto un colloquio molto interessante e maturo, ricordo che mi disse: «Sentiti libero di raccontarti come vuoi, a noi interessa il tuo percorso di rinascita, se pensi che le domande siano troppo pesanti per te sei libero di affrontarle come meglio credi».

Ho visto in Luca una persona rassicurante, senza pregiudizi, con un pensiero libero e molto profondo.

L'intervista è durata cinque ore, forse abbiamo fatto solo un paio di pause, è stata una chiacchierata intensa, io avevo tante cose da dire e Luca era completamente assorbito dalla mia storia, entrando in tutti gli avvenimenti che descrivevo come se si svolgessero in quel momento.

È stata una bellissima esperienza, per la prima volta mi sono raccontato liberamente senza dover sottostare a format o compromessi, potevo descrivere liberamente chi è e chi è stato Mario Maccione come se parlassi a un amico.

Ho avuto molto supporto e molte critiche dopo l'intervista, e ho conosciuto tantissime persone stupende.

Ringrazio Luca e «One More Time» per essere delle persone vere, piene di umanità.

Mario Maccione

“CAPO PLAZA”

Imparare oggi a costruirsi un domani

Ognuno di noi ha un patrimonio interiore che può mettere a frutto per realizzare qualcosa di unico e differenziarsi dagli altri. Quello di Luca D’Orso, in arte Capo Plaza, lo ha portato molto presto a conoscere la solitudine del successo. Per fortuna, dalla sua ha l’umiltà, la *cazzimma* giusta e tutta la vita davanti per cambiare il corso della sua esistenza. Abbiamo avuto un buon feeling epidermico, siamo riusciti a parlarci da amici e questo è il risultato. Leggete con il cuore.

Nasce a Salerno il 20 aprile 1998 e cresce in un quartiere popolare che si chiama Pastena. Qui un giorno succede di tutto, il giorno dopo non succede niente. Nella sua famiglia non sono né ricchi né poveri, la madre fa la ragioniera in uno studio di avvocati, suo padre è impiegato nell’ufficio delle case popolari. Luca ha anche una sorella più grande di sette anni, Erika.

«Un piatto a tavola c’era sempre. A Natale, mia madre e mio padre magari non si facevano il regalo per farlo a me e a mia sorella. Hanno fatto tanti sacrifici. Vengo da una famiglia bella presente e mi ritengo fortunato ancora oggi ad averla. Ci tengo tanto a loro, e adesso che abito a Milano ho preso casa per me, mia sorella e i miei per averli vicini. All'inizio non capivano la mia scelta di fare rap, però dopo un po' mi hanno dato fiducia. La mia famiglia non mi ha mai ostacolato, non ho ricevuto coccole ma mi sono sentito molto amato.»

In effetti suo papà non è uno che dimostra amore in modo plateale, scherza, gioca, ma non gli dice *ti voglio bene* e non lo abbraccia. Luca è molto simile a lui. «Non comunico con le parole, con quelle sono bravo a farci la musica.» Per questa somiglianza di carattere, a dodici anni inizia ad avere con lui un rapporto fatto solo di *buongiorno* e *buonasera*, nient'altro. Combina le prime cazzate, che fanno un po' arrabbiare il padre.

Sua madre invece è sempre presente ed empatica: si accorge quando il figlio sta male e, anche se per lui sogna il posto fisso, qualsiasi scelta Luca faccia lei c'è. Gli fa capire ogni giorno che è la persona più fiera al mondo, ma allo stesso tempo vuole che rimanga con i piedi per terra.

«Torno dai Wind Music Awards. Due premi, sai, classici premi. Mia madre era a casa mia in quel periodo. Entro e dico 'ma', ho vinto il disco di Platino, Wind Music Awards'. Li vedevamo ogni anno in televisione. E lei mi risponde 'sì, sì, dammeli, li metto sulla mensola. Ah, c'è la *monnezza* da scendere'.»

È consapevole che quello che suo figlio sta sperimentando non è affatto normale e vuole fargli vivere quella normalità a cui fin da ragazzino, per fare quel lavoro, ha dovuto rinunciare.

Il successo a volte finisce per toglierti più di quanto ti dà.

Mentre i suoi lavorano, Luca sta spesso a casa della nonna materna, che vive nel porticciolo della sua città. La casa è praticamente sulla spiaggia, lui gioca sugli scogli e a mezzogiorno si sente chiamare e capisce che il pranzo è pronto. Cresce in un ambiente prettamente femminile: a parte il padre, è allevato da nonna, mamma, zie e dalla sorella più grande.

Quando si diffonde internet – siamo più o meno nel 2004 – sua sorella Erika gli mostra come usarlo, ma lui è poco interessato. In quel periodo, si dedica soprattutto alla PlayStation, al calcio, al wrestling. Ancora oggi è super fan della WWE (World Wrestling Entertainment), simpatizza per la Salernitana e tifa il Milan.

La musica in quel periodo non sa neanche cosa sia. Poi un giorno, a casa di sua nonna, facendo zapping in TV, si imbatte nel video di Kanye West e rimane folgorato. È *Stronger*, quello dei Daft Punk, un pezzo incredibile. Resta su quel canale e il video dopo è di Sean Paul. Si blocca sulla sedia e dice *ma cos'è 'sta roba?* Gli piace quell'immaginario e vuole saperne di più. Torna a casa e si mette online ad ascoltare tantissima roba. Il giorno dopo si sveglia, va dallo zio, che fa i cd contraffatti, e gli chiede una compilation rap. «Mio zio non sapeva manco cos'era. Mi prepara un cd con Kanye West, Sean Paul, ma anche i Ricchi e Poveri e altre cose che non c'entrano niente.»

Si appassiona al rap ricco, anche gangsta, del ghetto, ma sempre lussuoso. Cam'ron, Jim Jones... Cresce influenzato da quel genere e a dodici anni scrive il suo primo pezzo. Poi scopre il rap italiano. Il primo a fare *clic* nella sua testa è Noyz Narcos: ancora oggi lo considera il miglior rapper del nostro Paese.

A tredici anni scopre le canne. La sua vita tranquilla si inizia un po' a scomporre, frequenta persone fuori dai canoni, ha amici pazzi, vive per strada in loro compagnia e fuma abitualmente, tutti i giorni, e tanto.

I genitori si accorgono che fuma, si preoccupano, hanno paura che la situazione possa sfuggirgli di mano. Ma Luca non è un cretino, sa gestirsi. A tenerlo d'occhio c'è anche sua sorella maggiore Erika, che vede chi frequenta e cosa fa. Salerno è una città-quartiere, prima o poi si viene a sapere tutto. «Le altre droghe so a cosa mi portano. Le ho provate per la solita teoria che si deve provare tutto nella vita. L'abbiamo fatta 'sta stronzata, le abbiamo provate, non mi piacciono, ok? Non ho altri vizi. Odio l'alcol, odio tutte le altre droghe, fumo solo canne.»

Già a quell'età il suo progetto è fare musica, vuole fare il rapper, raccontare le situazioni al limite che vive tutti i giorni: risse, pestaggi, accoltellamenti, cose brutte, a cui si arriva sempre per delle stronzate. Storie che vede, che fanno parte del suo quotidiano di adolescente. Storie che lo affascinano.

«Non ho mai detto di essere un criminale. Ho detto 'frate, vedi che c'è questa parte buona, però c'è anche questa cattiva. Sta a te decidere'. Bisogna esserne consapevoli e bisogna essere bravi a mettersi una corazza addosso, perché sennò ti mangiano.»

La prima cosa che impara appena va in strada è a essere un duro. Devi capire con chi stare, perché altrimenti diventi subito il bullizzato di turno. Anche se non vuoi fare a botte, anche se non sei quel tipo di persona, non puoi subire passivamente e al primo sguardo devi darle, se non vuoi solo prenderle.

Luca si butta subito in tutte le *jam*, i ritrovi in cui si improvvisano delle sessioni musicali, e segue tutte le *battle* di *freestyle*. In Campania, Lazio, Umbria... sale sui treni senza biglietto, sta via per settimane intere, partecipa a tutti gli eventi che può. Arriva fino a Milano per entrare nel giro. Lui non fa freestyle, ma i suoi amici sì.

«Andavo alle *jam* e chiedevo 'ma tu conosci Rick Ross?' e mi rispondevano 'chi è Rick Ross?' Ascoltavano ancora Notorious B.I.G., Tupac. Non era l'ambiente che mi piaceva, capisci? Perché io facevo la musica più alla Lil Wayne giovanile, no? Mi chiamavo Capo Plaza, gli altri si chiamavano Mc... quelle cose incredibilmente *old school*. Il mio immaginario era americano, non me ne fregava niente di quello che c'era là, ci stavo perché dovevo farlo e sapevo che era un passaggio. Erano gli unici posti per poter respirare l'ambiente hip hop, rap. Quindi io andavo dove cazzo c'era una jam, perché mi piaceva.»

Un giorno, prima di entrare a scuola, mette online il suo primo pezzo, aspettandosi che all'uscita lo prenderanno per il culo, come ha visto succedere ad altri milioni di volte. Invece, nel tragitto verso casa, tutti quelli che incontra gli dicono *bellissimo, spacchi tutto, bravo*. Una volta a casa, apre Facebook e trova più di quattrocento mi piace al post.

Ha solo tredici anni, un casino di entusiasmo e tanta voglia di sacrificarsi per raggiungere il suo obiettivo, quando viene coinvolto in un mezzo casino per una rissa. Questo rallenta un po' la sua vita, lo tiene impegnato per due anni e mezzo a gestire una causa e a rispondere alle aspettative degli assistenti sociali.

I suoi genitori sono sempre più preoccupati. Alle medie era un bravo studente, arrivava alla fine dell'anno scolastico senza grandi problemi, ma alle superiori è distratto e la scuola non è più una sua priorità.

«In camera mi ascoltavo 50 Cent, capisci? E mia madre diceva, *questo come esce, mo? Questo che combina?* Lei si immaginava che chissà cosa stessi facendo.»

Sono gli anni in cui Luca è in sala di registrazione che lavora senza sosta. Scrive tantissima musica ma è molto selettivo, uno o due pezzi l'anno per farsi conoscere, il resto lo considera puro training. Pian piano vede crescere l'ambiente su internet, esplode Instagram, ci sono sempre più vetrine. «L'amico mio di Milano stava iniziando a firmare con quello, quello di Roma firmava con l'altro, e mi sono detto *forse tra poco arriva pure il mio turno*.»

Fa le prime *battle* a Roma, allo Zoo Bar. Arriva con dei testi pronti: primo contest, primo posto; secondo contest, primo posto; terzo contest, primo posto.

Luca è amico di Mojo, si vedono regolarmente, sul lungomare, perché condividono la passione per la musica. Tramite lui conosce AVA, con cui Mojo aveva iniziato a fare i primi *beat*. Un giorno si ritrovano in studio tutti e tre, e fanno una cosa insieme. Non si sono più separati. L'alchimia con loro lo stimola, è quel *boost* che lo aiuta a tradurre le sue pulsioni. «Ora sono entrambi miei produttori e ancora oggi, dopo che abbiamo fatto oro, platino, vado in studio e ci divertiamo come se fosse il primo giorno.»

Ai primi concerti passa da ottanta a duecentocinquanta persone. È un segnale che forse è possibile fare la differenza. Poi iniziano le condivisioni importanti con altri artisti. E arriva Sto Records, l'etichetta di Ghali, una figura decisiva per questo tipo di musica in Italia. È con Sto che il suo disco di esordio, *20*, fa grandissimi numeri. Insieme a Ghali scrive anche un pezzo intitolato *Ne è valsa la pena*, che domina per un bel po' le classifiche.

L'estate del 2018 la passano in tour.

«Durante i concerti io vivevo con l'ansia e dicevo 'andate a controllare quanta gente c'è, vediamo se abbiamo riempito o meno'. E quando mi dicevano 'Lu, è pieno' salivo sul palco e pensavo *ok, ci sono, possiamo andare, spacchiamo tutto.*»

Un'adrenalina pazzesca. Dopo quel tour, arriva il primo contratto a sei zeri con la Warner per il nuovo disco. Non se li era neanche mai immaginati così tanti soldi. Luca non ha un pensiero strategico riguardo a quello che sta succedendo. Non pianifica, neanche si rende conto dei vari passaggi che lo stanno portando a realizzare il suo sogno, si limita a viverli, senza troppi ragionamenti.

«Mi chiedono *ma come hai fatto?* Non lo so. Io facevo, vedevo risultati e continuavo. Quello che mi ha portato a essere quello che sono l'ho fatto tutto d'istinto perché lo dovevo fare, così mi dicevano il mio corpo e la mia testa. Ancora oggi sono la persona più insicura del mondo. Ancora oggi faccio e basta.»

È un *enfant prodige*, ha una sua luce ed è bravo a non farla spegnere. Tutti i giorni ci lavora con sacrificio, focalizzandosi solo sulla musica, ma mai con piena consapevolezza e un'idea precisa di dove vorrebbe arrivare.

Durante il Covid non ha scelta, è costretto a fermarsi e a guardarsi indietro, e questo gli crea molta confusione mentale. Capisce che quelle sue pulsioni le deve concretizzare, ma non sa bene come fare. La sua benzina sono le emozioni, l'energia, la determinazione. Gli fanno esprimere cose incredibili, ma allo stesso tempo lo fanno soffrire.

L'industria discografica lo catapulta giovanissimo sul mercato musicale e Luca fa numeri altissimi. Si prende anche qualche grande soddisfazione personale: dopo il suo primo concerto all'Alcatraz, suo padre, che per la prima volta lo vede in un live strapieno di gente, scoppia in lacrime e singhiozzando lo abbraccia dimostrandogli quanto è orgoglioso di lui.

Luca deve imparare da solo a gestire fama e soldi. Nessuno glielo insegna. All'inizio si toglie qualche sfizio. L'apparenza è una cornice fondamentale del suo personaggio e perciò compra vestiti costosi e la prima collana con un pendente tempestato di diamanti (quella che indossa durante la nostra intervista l'ha pagata centoventimila euro). Poi capisce che deve garantirsi un futuro: investe in immobili, in un'attività di coffee shop a Tenerife e diversifica anche in altri settori.

Quando firma il contratto con la Warner e si trasferisce a Milano, sperimenta il lato malato del successo. Lungo il suo cammino lavorativo perde tante persone, i rapporti con gli amici salernitani di una vita si raffreddano. «Sono una persona molto sola, il telefono mi squilla pochissimo, ho i miei amici, so che ci sono, però non ci viviamo tutti i giorni. Ognuno ha il proprio lavoro, chi ha iniziato con me chiudendomi le date ora ha un'azienda e organizza concerti ad altri artisti in Italia, l'altro mio amico, AVA, è uno dei *best producer* del mio genere, Mojo idem, quindi il nostro ormai è più un rapporto lavorativo.»

La sua routine è cambiata, è difficile mantenere la connessione con l'autenticità del Luca dell'inizio, quello partito da Salerno per inseguire i propri sogni. È costretto a vestire i panni del personaggio di successo, il denaro gli dà molte sicurezze ma gli fa perdere il contatto con le persone che erano centrali nella sua vita precedente. Vorrebbe riavere le amicizie di tanto tempo prima, quelle genuine, di quando aveva trecento like su Facebook, amici che non lo giudicano e gli vogliono bene per quello che è. «Eppure mi reputo un buon amico, capisci? Do tanto, troppo, mi è sempre tornato poco e oggi mi ritrovo a essere molto solo.»

La maggior parte del tempo lo passa con la sua ragazza, che è anche la sua migliore amica. «Ho avuto tante relazioni nella mia vita, lei è l'unica che è riuscita a capire la mia posizione. Ti assicuro che non è facile, tante cose possono dare fastidio. Lei mi capisce, mi sa parlare e cerca di aiutarmi. Ci completiamo. Quando amo, far felice l'altra persona diventa la priorità assoluta.»

Luca è molto solo anche professionalmente, sente il bisogno di potenziare il suo staff e di trovare un *manager*, una persona giusta che sia in grado di prendere il suo contenuto, raccontarlo negli ambienti giusti e costruire delle nuove opportunità.

«Tutte le volte trovo persone che sono solo interessate ai soldi, mai al mio progetto. Ho fatto otto anni di carriera, ho raggiunto tanti risultati, arrivi tu che sei il mio manager e mi chiedi il 20% di tutto quello che ho fatto quando non c'eri. Che senso ha 'sta cosa?»

Celebriamo i successi, parliamo dei momenti di gloria, ma discutiamo anche in modo introspettivo, io e Luca. Parlare dei problemi aiuta a vedere delle soluzioni. Capo Plaza è un business, ed è prioritario affiancarsi a persone competenti e capaci.

Alla sua età non ho avuto qualcuno che mi ha dato delle risposte o mi ha spiegato come fare, ma so quanto è importante poter parlare delle cose che ci tormentano. A volte basta avere un ascoltatore non giudicante per vedere uno spiraglio di luce. È una terapia pazzesca. Non sono meglio di nessuno, sono stato in difficoltà più volte e mi sono ingegnato e arrangiato, facendo tesoro delle mie esperienze ma attingendo anche dalle storie degli altri per trarre degli insegnamenti.

Per cercare di aiutarlo, racconto a Luca un aneddoto su una persona che conosco. Ha un'azienda nel settore dei videogiochi e vuole venderla. È il suo desiderio da nove anni. Cresce di fatturato, di utile, fa sempre meglio anno dopo anno, ma non vende. Lui è convinto di avere tutte le carte in regola ma gli investitori non le vedono. Comincia a chiedersi cosa gli manchi. Ogni anno si presenta sempre dal solito investitore e il risultato non cambia: non è interessato. Lui gli chiede «Perché?», e quello risponde: «Perché non hai fatto collaborazioni con dei grandi publisher nel mondo». E ogni anno lui pensa, *ah, mi manca quello? Okay, lo faccio.* Così sempre, anno dopo anno, fino a che non viene comprato da un altro investitore a una cifra dieci volte più alta rispetto a quella che aveva chiesto all'inizio.

«Hai capito in pieno il mio problema: ho cinque milioni di ascoltatori, faccio tour pienissimi, palazzetti, quello e quell'altro, e il mio prossimo obiettivo qual è? Io oggi non ti so rispondere.»

Nella mia vita precedente mi è capitato di essere ogni giorno sia molto ricco che molto povero, e alla fine della giornata di andare in pari. Mi sono ritrovato con tanti soldi, ma non ho mai saputo gestirli. È stato da sempre un mio problema gigantesco. Cerco una ragione a questa mia fragilità nel non aver mai ricevuto un'educazione finanziaria da parte dei miei genitori. Mio padre è nato dal niente, ha fatto miliardi di lire, se li è giocati al casinò, li ha rifatti ancora, e li ha persi di nuovo. Con me aveva instaurato una dinamica un po' tossica, ogni volta che gli chiedevo di comprarmi qualcosa la risposta era no. Così, quando ho iniziato a guadagnare il mio denaro, non ho acquistato solo ciò che era necessario: ho esagerato, pensando che questo potesse farmi sentire libero.

Mi è capitato anche di guadagnare così tanti soldi da non sapere cosa farne. Quando ancora giocavo, certi giorni al casinò avevo la sensazione di doverli finire entro sera, altrimenti non avrei saputo dove metterli. Ma anche dopo aver sconfitto la mia ludopatia, dicevo tossicamente al mio cervello: *guadagnane tanti, così, visto che non li sai gestire, te ne rimarranno*. E per questo non avevo tempo per la mia famiglia, per i miei figli, per le persone a cui voglio bene, per me stesso.

Ho dovuto attraversare diverse sofferenze per capire qual è il giusto valore da dare al denaro e alle cose materiali. Oggi non sono cintura nera del mondo finanziario, ma ho capito che la pianificazione è fondamentale. Sono molto più cauto e vivo senza eccessi, sentendomi più al sicuro.

Bisogna avere una meta chiara e, quando ce l'hai, ti guardi allo specchio e capisci cosa ti serve per arrivarci. Perché altrimenti nessuno si sente mai colpevole per quello che accade, si tende a dare la colpa agli altri. Quando diciamo *cavolo, gli altri non capiscono niente*, non è mai così. Sei tu che non hai saputo comunicare bene. Devi modificare il tuo pensiero.

Senza capire chi vuole essere nella vita e cosa vuole conseguire, Luca non potrà mai sapere che manager cercare e cosa chiedergli di fare insieme. Questo suo problema lo tormenta, ma chiedere al prossimo cosa ci manca non deve essere una vergogna, anzi. Dobbiamo pensarla come una grande opportunità.

«Oggi sono felice di me stesso, della mia vita in generale, sono consapevole che mi mancano alcune cose per lavorare meglio, ma è l'aspetto lavorativo. Ho i miei difetti però faccio felice qualsiasi persona al mio fianco, è questo che importa. Ho fatto tanto, perché non dovrei essere orgoglioso?»

Anche io cerco di esserlo di me. Avevo sempre vissuto facendo l'imprenditore nella comunicazione, stando dietro agli altri per aiutarli a costruire le loro carriere. Quando nel 2020 è arrivato il podcast e si è configurata per me una strada parallela – la possibilità di fare qualcosa di bello ma che comportasse il metterci la faccia – mi sono trovato inizialmente un po' a disagio perché non ci ero abituato. Invece ora me la vivo bene. È linfa vitale il fatto che la gente mi riconosca come figura utile e si senta ispirata dai miei stessi interrogativi e dai miei stessi dubbi. E poi non potrei più fare a meno del mio nuovo lavoro. Non mi sono mai scelto un'attività lavorativa perché mi piaceva, l'ho sempre scelta perché c'era un'opportunità. Oggi sento di poterlo dire: non sono mai stato così felice in vita mia.

Con il cuore, da Capo Plaza

Quando è cominciata l'intervista con Luca sapevo di voler lasciare qualcosa di me a chi mi ascolta: sia ai miei fan storici che alle persone che ancora non mi conoscevano. Ho voluto essere completamente sincero, senza filtri, come faccio sempre, nella vita e nella musica.

Dall'inizio alla fine dell'intervista sono stato me stesso. Sono grato a Luca per avermi capito, è riuscito a farmi sentire a mio agio nel parlare della mia storia che ha tanti momenti di luce quanti di buio, è fatta di vittorie e sconfitte, e per questo aveva bisogno del giusto contesto.

Credo di non essermi mai raccontato in questo modo e sono felice di averlo fatto con una persona così capace di comunicare e comprendere.

Luca D'Orso

“ RINGRAZIAMENTI ”

Negli anni della mia esperienza imprenditoriale mi hanno spesso proposto di scrivere un libro, eppure non mi ero mai sentito in diritto di farlo: non pensavo di aver realizzato nulla di così interessante da poter riempire più di un capitolo. Poi, è arrivato «One More Time», e pian piano abbiamo costruito qualcosa di terapeutico, non solo per me, ma anche per tutte le persone alla ricerca di loro stesse. Da quel momento ho riconosciuto a un'attività della mia vita un valore importante da condividere, ho pensato potesse essere arricchente dare il mio punto di vista sulle puntate e creare un manuale d'amore da riconsultare nel tempo. Questo libro mi ha permesso di rivivermi con tutta calma l'essenza di «One More Time» e mi ha dato la spinta per raccontare delle parti di me che non avevo mai condiviso prima.

Nulla si può fare bene da soli, soprattutto in un mondo con delle regole precise come quello dell'editoria. Ho realizzato questo progetto perché ad aiutarmi ci sono state persone che amano questo podcast, che conoscono molto di me (più di quanto lucidamente conosca io), che hanno ascoltato ogni puntata e visto ogni mia live su Telegram. In primis, devo ringraziare Marcella Meciani per aver manifestato amore verso il mio percorso di vita. Marcella non ha mai messo davanti i suoi interessi nella realizzazione del libro (come avrebbe potuto fare, anche giustamente, visto che è il suo mestiere), ma nei vari passaggi di lavoro ha sempre usato una delicatezza e un'attenzione che mi hanno convinto, guidato e rassicurato. È stata lei ad aver creato un dream team, coinvolgendo Flavia Fratini con cui abbiamo potuto definire la strada editoriale nel migliore dei modi grazie al grande entusiasmo che ha sempre profuso in ogni incontro (Flavia ha il sole dentro).

Una volta definita la volontà di fare il libro, avevo bisogno di uno sparring partner, e arriva la magia, il ritmo, l'aiuto di un'esperta che ha dato concretezza a questa mia prima esperienza: Silvia Sirolini.

Silvia, grazie di cuore per la pazienza, la professionalità, le ore piccole fatte insieme su Telegram e soprattutto per aver trattato questo progetto come se fosse anche tuo. E lo è.

Concludo con il ringraziamento più sentito, quello a Tommaso Galli, un ragazzo di vent'anni che un giorno di qualche anno fa mi ha scritto su LinkedIn. Mi è bastato poco per capire quanto fosse speciale e da quel momento è diventato una figura imprescindibile dell'anima di «One More Time». Tommaso è colto, educato, creativo e gentile. Sviluppo con lui ogni novità che mi fa battere il cuore.

Spero che questo libro possa restituirvi anche solo una parte del valore che voi date a me.

Ringrazio, inoltre, personalmente ognuna di queste persone, in ordine alfabetico, perché ha contribuito a rendere «One More Time» quello che è oggi.

22
Samar Abdel Basset
Gianluca Auddino
Francesco Buscemi
Giulia Casadei
Lorenzo Casadei
Aurelio Colucci
Mirko De Petri
Valentina Di Iorio
Federico Favot
Alessandro Frigoli
Luca Furlanetto
Alice Gagliardi
Tommaso Galli
Giuseppe Greco
Francesco Lugato
Mauro Medaglia
Ermanno Mossotto
Francesco Oggiano
Margherita Pea
John Pentassuglia
Filippo Perbellini
Andrea Sacchetti
Gianluca Samblich

Edoardo Scognamiglio
Davide Tessari
Julian Vincenzi
Antonio Visca
Giovanni Zaccaria

“ENTRA NEL MONDO DI ONE MORE TIME”

Segui le puntate integrali:

Spotify
spotify.com/show/2MsuEEO5qrZP2whPkZOlqN?si=ff-65bef9a7d042a4

YT
youtube.com/@OneMoreTimePodcast

Segui gli spoiler delle puntate e le nostre attività con la community:

Instagram
instagram.com/onemoretimepodcast

TikTok
tiktok.com/@onemoretimepodcast

Completamente moderato da Luca:

Telegram
t.me/podcastonemoretime

LinkedIn
linkedin.com/in/lucacasadei

FSC
www.fsc.org
MISTO
Carta
da fonti gestite in
maniera responsabile
FSC® C005461

Finito di stampare
nel mese di ottobre 2024
da Rotolito SpA
Seggiano di Pioltello (MI)